# 中国好教师

——做党和人民满意的好老师

ZHONGGUOHAOJIAOSHI

ZUO DANG HE RENMIN MANYI DE HAO LAOSHI

周洪宇 主编

長江出版傳媒 湖北科学技术出版社

# 做党和人民满意的好老师

## ——同北京师范大学师生代表座谈时的讲话（节选）

习近平

（2014 年 9 月 9 日）

各位老师、同学们！

教育是提高人民综合素质、促进人的全面发展的重要途径，是民族振兴、社会进步的重要基石，是对中华民族伟大复兴具有决定性意义的事业。教师是人类历史上最古老的职业之一，也是最伟大、最神圣的职业之一。人们常说："教师是太阳底下最崇高的职业。"自古以来，中华民族就有尊师重教、崇智尚学的优良传统，正所谓"国将兴，必贵师而重傅；贵师而重傅，则法度存"。在古代，孔子被推崇为"大成至圣先师"，被誉为"万世师表"。在中华民族 5000 多年文明发展史上，英雄辈出，大师荟萃，都与一代又一代教师的辛勤耕耘是分不开的。

新中国成立 65 年来，党和国家高度重视教育事业，建成了世界最大规模的教育体系，保障了亿万人民群众受教育的权利，极大提高了全民族素质，有力推动了经济社会发展。长期以来，广大教师自觉贯彻党的教育方针，教书育人，呕心沥血，默默奉献，为国家发展和民族振兴作出了巨大贡献，赢得了全社会广泛赞誉和普遍尊重。

当今世界，科技进步日新月异，国际竞争日趋激烈。特别是经历了历史上罕见的国际金融危机，各国纷纷调整发展战略，更加注重科技进步和创新驱动。当今世界的综合国力竞争，说到底是人才竞争，人才越来越成为推动经济社会发展的战略性资源，教育的基础性、先导性、全局性地位和作用更加突显。“两个一百年”奋斗目标的实现、中华民族伟大复兴中国梦的实现，归根到底靠人才、靠教育。源源不断的人才资源是我国在激烈的国际竞争中的重要潜在力量和后发优势。希望广大教师认清肩负的使命和责任，努力为发展具有中国特色、世界水平的现代教育，培养社会主义事业建设者和接班人作出更大贡献！

各位老师、同学们！

邓小平同志曾经指出：“一个学校能不能为社会主义建设培养合格的人才，培养德智体全面发展、有社会主义觉悟的有文化的劳动者，关键在教师。”教师重要，就在于教师的工作是塑造灵魂、塑造生命、塑造人的工作。一个人遇到好老师是人生的幸运，一个学校拥有好老师是学校的光荣，一个民族源源不断涌现出一批又一批好老师则是民族的希望。国家繁荣、民族振兴、教育发展，需要我们大力培养造就一支师德高尚、业务精湛、结构合理、充满活力的高素质专业化教师队伍，需要涌现一大批好老师。

那么，怎样才能成为好老师呢？今天，我想就这个问题同大家做个交流。

每个人心目中都有自己好老师的形象。做好老师，是每一个老师应该认真思考和探索的问题，也是每一个老师的理想和追求。我想，好老师没有统一的模式，可以各有千秋、各显身手，但有一些共同的、必不可少的特质。

第一，做好老师，要有理想信念。陶行知先生说，教师是“千教万教，教人求真”，学生是“千学万学，学做真人”。老师肩负着培养下一代的重要责任。正确理想信念是教书育人、播种未来的指路明灯。不能想象一个没有正确理想信念的人能够成为好老师。唐代韩愈说：“师者，所以传道授业解惑也。”“传道”是第一位的。一个老师，如果只知道“授业”“解惑”而不“传道”，不能说这个老师是完全称职的，充其量只能是“经师”“句读之师”，而非“人师”了。古人云：“经师易求，人师难得。”一个优秀的老师，应该是“经师”和“人师”的统一，既要精于“授业”“解惑”，更要以“传道”为责任和使命。好老师心中要有国家和民族，要明确意识到肩负的国家使命和社会责任。

我们的教育是为人民服务、为中国特色社会主义服务、为改革开放和社会主义现代化建设服务的，党和人民需要培养的是社会主义事业建设者和接班人。好老师的理想信念应该以这一要求为基准。广大教师要始终同党和人民站在一起，自觉做中国特色社会主义的坚定信仰者和忠实实践者，忠诚于党和人民的教育事业，自觉把党的教育方针贯彻到教学管理工作全过程，严肃认真对待自己的职责。要注重加强中国特色社会主义理论体系的学习，加深对中国特色社会主义的思想认同、理论认同、情感认同，不断增强道路自信、理论自信、制度自信，积极引导学生热爱祖国、热爱人民、热爱中国共产党。好老师应该做中国特色社会主义共同理想和中华民族伟大复兴中国梦的积极传播者，帮助学生筑梦、追梦、圆梦，让一代又一代年轻人都成为实现我们民族梦想的正能量。

广大教师要用好课堂讲坛，用好校园阵地，用自己的行动倡导社会主义核心价值观，用自己的学识、阅历、经验点燃学生对真善美的向往，使社会主义核心价值观润物细无声地浸润学生们的心田、转化为日常行为，增强学生的价值判断能力、价值选择能力、价值塑造能力，引领学生健康成长。

第二，做好老师，要有道德情操。老师的人格力量和人格魅力是成功教育的重要条件。“师也者，教之以事而喻诸德者也”。老师对学生的影响，离不开老师的学识和能力，更离不开老师为人处世、于国于民、于公于私所持的价值观。一个老师如果在是非、曲直、善恶、义利、得失等方面老出问题，怎么能担起立德树人的责任？广大教师必须率先垂范、以身作则，引导和帮助学生把握好人生方向，特别是引导和帮助青少年学生扣好人生的第一粒扣子。

“师者，人之模范也”。教师的职业特性决定了教师必须是道德高尚的人群。合格的老师首先应该是道德上的合格者，好老师首先应该是以德施教、以德立身的楷模。师者为师亦为范，学高为师，德高为范。老师是学生道德修养的镜子。好老师应该取法乎上、见贤思齐，不断提高道德修养，提升人格品质，并把正确的道德观传授给学生。

师德是深厚的知识修养和文化品位的体现。师德需要教育培养，更需要老师自我修养。做一个高尚的人、纯粹的人、脱离了低级趣味的人，应该是每一个老师的不懈追求和行为常态。好老师要有“捧着一颗心来，不带半根草去”的奉献精神，自觉坚守精神家园、坚守人格底线，带头弘扬社会主义道德和中华传统美德，以自己的模范行为影响和带动学生。

好老师的道德情操最终要体现到对所从事职业的忠诚和热爱上来。好老师应该执著于教书育人。我们常说干一行爱一行，做老师就要热爱教育工作，不能把教育岗位仅仅作为一个养家糊口的职业。有了为事业奋斗的志向，才能在老师这个岗位上干得有滋有味，干出好成绩。如果身在学校却心在商场或心在官场，在金钱、物欲、名利同人格的较量中把握不住自己，那是当不好老师的。

现在，很多地方做老师还比较清苦，特别是农村基层小学老师很辛苦，收入不高，物质生活不是很宽裕，有些家庭负担较重的老师生活还比较困难。各级党委和政府都要关心广大老师特别是生活工作有困难的老师，努力为他们排忧解难。同时，老师要有“衣带渐宽终不悔，为伊消得人憔悴”的精神，兢兢业业做好工作。做老师，最好的回报是学生成人成才，桃李满天下。想想无数孩子在自己的教育下学到知识、学会做人、事业有成、生活幸福，那是何等让人舒心、让人骄傲的成就。

第三，做好老师，要有扎实学识。老师自古就被称为“智者”。俗话说，前人强不如后人强，家庭如此，国家、民族更是如此。只有我们的孩子们学好知识了、学好本领了、懂得更多了，他们才能更强，我们的国家、民族才能更强。

扎实的知识功底、过硬的教学能力、勤勉的教学态度、科学的教学方法是老师的基本素质，其中知识是根本基础。学生往往可以原谅老师严厉刻板，但不能原谅老师学识浅薄。“水之积也不厚，则其负大舟也无力”。知识储备不足、视野不够，教学中必然捉襟见肘，更谈不上游刃有余。

国外有教育家说过：“为了使学生获得一点知识的亮光，教师应吸进整个光的海洋。”在信息时代做好老师，自己所知道的必须大大超过要教给学生的范围，不仅要有胜任教学的专业知识，还要有广博的通用知识和宽阔的胸怀视野。好老师还应该是智慧型的老师，具备学习、处世、生活、育人的智慧，既授人以鱼，又授人以渔，能够在各个方面给学生以帮助和指导。

陶行知先生说：“出世便是破蒙，进棺材才算毕业。”这就要求老师始终处于学习状态，站在知识发展前沿，刻苦钻研，严谨笃学，不断充实、拓展、提高自己。过去讲，要给学生一碗水，教师要有一桶水，现在看，这个要求已经不够了，应该是要有一潭水。

第四，做好老师，要有仁爱之心。教育是一门“仁而爱人”的事业，爱是教育的灵魂，没有爱就没有教育。好老师应该是仁师，没有爱心的人不可能成为好老师。高尔基说：“谁爱孩子，孩子就爱谁。只有爱孩子的人，他才可以教育孩子。”教育风格可以各显身手，但爱是永恒的主题。爱心是学生打开知识之门、启迪心智的开始，爱心能够滋润浇开学生美丽的心灵之花。老师的爱，既包括爱岗位、爱学生，也包括爱一切美好的事物。

有人说，好老师的眼神应该是慈爱、友善、温情的，透着智慧、透着真情。好老师对学生的教育和引导应该是充满爱心和信任的，在严爱相济的前提下晓之以理、动之以情，让学生“亲其师”“信其道”。好老师要用爱培育爱、激发爱、传播爱，通过真情、真心、真诚拉近同学生的距离，滋润学生的心田，使自己成为学生的好朋友和贴心人。好老师应该把自己的温暖和情感倾注到每一个学生身上，用欣赏增强学生的信心，用信任树立学生的自尊，让每一个学生都健康成长，让每一个学生都享受成功的喜悦。

有爱才有责任。好老师应该懂得，选择当老师就选择了责任，就要尽到教书育人、立德树人的责任，并把这种责任体现到平凡、普通、细微的教学管理之中。正是因为爱教育、爱学生，我们很多老师才有了用一辈子备一堂课、用一辈子在三尺讲台默默奉献的力量，才有了在学生遇到危难时挺身而出的勇气，才有了敢于攻克新知新学的锐气。老师责任心有多大，人生舞台就有多大。

老师还要具有尊重学生、理解学生、宽容学生的品质。离开了尊重、理解、宽容同样谈不上教育。“学而不厌、诲人不倦”，有教无类，因材施教，教也多术，就是要求老师具有尊重、理解、宽容的品质。这本身就是一种伟大的教育力量。受到尊重、得到理解、得到宽容，是每一个人在人生各阶段都不可缺少的心理需要，儿童和青少年更是如此。一些调查材料反映，尊重学生越来越成为好老师的重要标准。好老师应该懂得既尊重学生，使学生充满自信、昂首挺胸，又通过尊重学生的言传身教教育学生尊重他人。

世界上没有两片完全相同的树叶，老师面对的是一个个性格爱好、脾气秉性、兴趣特长、家庭情况、学习状况不一的学生，必须精心加以引导和培育，不能因为有的学生不讨自己喜欢、不对自己胃口就冷淡、排斥，更不能把学生分为三六九等。对所谓的“差生”甚至问题学生，老师更应该多一些理解和帮助。老师在学生心目中具有重要位置，老师无意间的一句话，可能造就一个天才，也可能毁灭一个天才。好老师一定要平等对待每一个学生，尊重学生的个性，理解学生的情感，包容学生的缺点和不足，善于发现每一个学生的长处和闪光点，让所有学生都成长为有用之才。

我看了不少优秀教师的事迹，很多老师一生中忘了自己、把全部身心扑在学生身上，有的老师把自己有限的工资用来资助贫困学生、深恐学生失学，有的老师把自己的收入用来购买教学用具，有的老师背着学生上学，牵着学生的手过急流、走险路，有的老师拖着残疾之躯坚守在岗位上，很多事迹感人至深、催人泪下。这就是人间大爱。我们要在广大教师中、在全社会大力宣传和弘扬优秀教师的先进事迹和高尚品德。

好老师不是天生的，而是在教学管理实践中、在教育改革发展中锻炼成长起来的。衷心祝愿每个教师都能成为符合党和人民要求、学生喜欢和敬佩的好老师，希望每个孩子都能遇到好老师。

各位老师、同学们！

我国人口多、国土广、地区差异大，有 2.6 亿学生和 1400 万教师，搞好教育事业任务艰巨。党和政府高度重视教育，2012 年以来我国财政性教育经费支出占当年国内生产总值比例达到 4%，这是很大的一件事。我国经济总量虽然已经是世界第二，但我国还是世界上最大的发展中国家，还处在社会主义初级阶段，各种教育资源历史积累不足，地区之间教育发展不平衡，教育总体条件还不是很理想，教师特别是基层教师收入总体水平不高，办学条件标准不高，教育管理水平亟待提高。这就要求我们坚持科教兴国战略和人才强国战略，坚持把教育放在优先发展的战略位置，继续大力推动教育改革发展，使我国教育越办越好、越办越强。

百年大计，教育为本。教育大计，教师为本。努力培养造就一大批一流教师，不断提高教师队伍整体素质，是当前和今后一段时间我国教育事业发展的紧迫任务。

各级党委和政府要从战略高度来认识教师工作的极端重要性，把加强教师队伍建设作为基础工作来抓，满腔热情关心教师，改善教师待遇，关心教师健康，维护教师权益，充分信任、紧紧依靠广大教师，支持优秀人才长期从教、终身从教，使教师成为最受社会尊重的职业。要制定切实可行的政策措施，鼓励有志青年到农村、到边远地区为国家教育事业建功立业。要加强教师教育体系建设，加大对师范院校的支持力度，找准教师教育中存在的主要问题，寻求深化教师教育改革的突破口和着力点，不断提高教师培养培训的质量。要让全社会广泛了解教师工作的重要性和特殊性，让尊师重教蔚然成风。

这些年，媒体报道了个别老师道德败坏、贪赃枉法的事，对这些害群之马要清除出教师队伍，并依法进行惩处，对侵害学生的行为必须零容忍。

各位老师、同学们!

“三寸粉笔，三尺讲台系国运；一颗丹心，一生秉烛铸民魂”。今天的学生就是未来实现中华民族伟大复兴中国梦的主力军，广大教师就是打造这支中华民族“梦之队”的筑梦人。希望全国广大教师把全部精力和满腔真情献给教育事业，在教书育人的工作中不断创造新业绩。

# 前 言

## 既做经师，更做人师

**——写在《中国好教师》出版之际**

顾明远

2014年9月第30个教师节前夕，习近平总书记到北京师范大学视察，与师生代表座谈，发表了重要讲话。习近平总书记在详细阐明了当今世界教育在国际竞争、增强国力中的重要地位以后，号召广大教师要做一名好老师，并详细阐述了好老师应该具有四方面品质，即需要有理想信念、道德情操、扎实学识、仁爱之心。我个人的体会是，四方面品质中核心是教师的思想品德，师德是教师的灵魂。

习近平总书记在引用唐代韩愈的话“师者，所以传道授业解惑也”后说：“‘传道’是第一位的。一个老师如果只知道授业、解惑而不传道，不能说这个老师是完全称职的，充其量只能是经师，句读之师，而非人师，古人云：‘经师易求，人师难得。’”教师既要精于授业解惑，更要以传道为责任，也就是说，一名好老师，既要是经师，更要是人师。

作为人师，首先要有理想信念。我理解，作为教师的理想信念应该有两个方面：一是坚持中国特色社会主义道路，担负中华民族伟大复兴的历史使命；二是热爱教育事业、热爱学生，把学生培养成国家的栋梁。正如习近平总书记所说的，教师不是一般的谋生的职业，它关系到年轻一代的成长、千万家庭的幸福，关系到民族的未来、国家盛衰。要实现“两个一百年”的奋斗目标，实现中华民族伟大复兴的“中国梦”，要靠几代人的努力，要靠教育培养人才。教师要帮助学生“筑梦、追梦、圆梦”，教师首先要有理想信念。

教师要传道，自己就应该有高尚的道德情操，做道德的楷模。教师要践行社会主义核心价值观，以身作则，做学生的榜样，才能引领帮助学生把握好人生方向，“扣好人生的第一粒扣子”。

习近平总书记讲到好老师要有仁爱之心。他说：“教育是一门‘仁而爱人’的事业。”这一点讲得特别好，我深有体会。我经常讲“没有爱就没有教育，没有学趣就没有学习”，这种爱就是仁爱。古人云：“仁者爱人。”人要有爱人之心，老师对学生更应有仁爱之心。老师要用爱心激发学生学习进步的火花，开启通向知识的智慧之门。爱学生就要尊重学生、理解学生、宽容学生。老师要相信每一个学生，相信每个学生都能成才，这也是老师的职业信念。老师要尊重每一个学生，只有尊重学生，学生才能尊重老师。老师要理解学生，理解学生的各种需要，理解学生平时的学习和生活，才能有的放矢施教。总书记还专门提到老师要对学生有宽容之心。他说：“不能因为有的学生不讨自己喜欢、不对自己胃口就冷淡、排斥，更不能把学生分成三六九等。”这一点非常重要。好老师总是用放大镜去发现学生的亮点，而不是用显微镜去寻找学生的缺点。学生是有差异的，发展也是不平衡的，有时是会犯错误的。老师不能歧视学生，要公平、公正地对待每个学生，培养学生自尊、自信、自强的精神。

做好人师，也需要做经师，好老师要有扎实的学识。所谓学识，就是学问和见识。教师的责任是传授知识，培养能力。教师本人就要有扎实的知识，而且有开阔的视野、深睿的智慧。好老师不仅要有扎实的学科专业知识，要给学生一碗水，自己应有一潭水；而且要懂得教育规律，懂得青少年发展的规律，遵循教育规律，用最有效的方法把知识传授给学生。当今信息化时代，教师已经不是知识的唯一载体，但教师闻道在先，有丰富的知识和教学经验，可以为学生设计良好的环境、指导学生高效学习、帮助学生排难解困。好老师要成为学生学习的设计者、指导者、帮助者，做学生学习的伙伴。

怎样才能做一名好老师？就是要学习，把学习作为进步的动力。习近平总书记提出的对好老师的四点要求，就是每个老师学习努力的方向。习近平总书记的讲话，娓娓道来、循循善诱，非常平实，很有人情味。老师们要认真学习、细细体会。首先要提高对教育事业的认识、提高对教育事业的热情。有了高度的认识和热情就会不断去钻研、反思自己的教育教学行为，不断改进、不断提高。著名教育家吕型伟说过："教育是事业，其意义在于奉献；教育是科学，其价值在于求真；教育是艺术，其生命在于创新。"要成为一名好老师，就要有奉献精神、求真精神、创新精神。要求共、要创新，就要学习。教育的发展在于改革，教育的改革在于创新，教育的创新在于学习。老师要终身学习，成为建设学习型社会的典范，不仅要学习教育专业知识，还要学习相关专业的知识，甚至与教师职业无关的知识，教理科的老师不妨学点文学艺术；教文科的老师不妨读点科普作品，以便提高自己的文化修养。文化修养提高了，不仅自己的生活品位提高了，而且还能高屋建瓴地理解教育的真谛，从而构建自己的教育思想、创建自己的教育风格，成为习近平总书记要求的好老师。

《中国好教师》几位作者热情约请我为本书作序，感觉这件事非常有意义，难以推辞。之前《中国教育报》也联系我写一点对好教师的认识，由于年事已高，精力有限，只好合二为一，算是我对中国好教师的期待与寄托。

（作者系中国教育学会原会长、北京师范大学资深教授）

# 目录

## 第一部分 大爱无疆

「李吉林」因为心里装着孩子 004
教师心语：爱，好老师的第一素养 019
「周小燕」我不能承受没有学生的生活 025
「霍懋征」爱满天下的人生传奇 041
「钟期荣」爱国·爱教·爱生 053

## 第二部分 无私奉献

「孟二冬」师之大者当如是 066
「汪金权」大别山师魂 077
「陈美荣」一个“80后”的大山情 093
「杨小玲」25年用“心”照亮聋哑孩子人生 101
教师心语：在爱的滋养下成长 107
「孙维刚」无私忘我，留得青山映夕照 111

## 第三部分 教学有道


「于漪」生命与使命同行 126

「顾泠沅」从"青浦经验"到"行动教育" 140

「王春易」教师专业化成长的榜样 152

「桂贤娣」用情感和智慧激活童心 161

教师心语：有仁爱之心的教师就是快乐的教师 177

「黄希庭」因材施教，寓教于乐 182


## 第四部分 追求卓越


「章开沅」治学不为媚时语，独寻真知启后人 196

「潘懋元」敢为人先，开辟高教研究新天地 211

「颜宁」在科学史上留下属于自己的印迹 223

「李希贵」长立潮头引新风 233

写在后面 给我未来的你们 249

后记 带着幸福感去做老师 252

# 大爱无疆 第一部分

DAAIWUJIANG

ZHONGGUO HAOJIAOSHI

# 中国好教师 李吉林

LIJILIN

从1956年走进这所小学，她——

就这样心里装着孩子，孜孜不倦地思、学、行、著；

就这样心里装着孩子，用儿童的眼睛看世界，如诗如画；

就这样心里装着孩子，用诗人的笔触书写情境教育的诗篇……

# 因为心里装着孩子

◎王 珺

走出位于南通老城官的家，穿过弯弯曲曲的里弄，在街上遇见的人都用南通话唤她“李老师”，她也用南通话同这些阿婆、阿姨们亲切地打招呼。

经过天宁寺，路过南通中学，拐几个弯，过一条马路，就到了她已工作了50多年的南通师范第二附属小学。这条路她走了50多年，路边的风景不断变换，她亦从18岁的“老师姐姐”变成了年逾七旬的“老师奶奶”。

中等身材，穿一件橘红色的粗线毛衣，一条古铜色毛长裙；烫过的短发灰里带白；肩上斜挎的长带背包里装着备课资料。如果说她与一般的南方阿婆有什么不同，那便是有神且依然清澈的双眼和比同龄人稳健得多的脚步。

街市热闹，她却极少流连，而常常沉醉于某个问题的思考中。就如她当教师、搞情境教育研究，几十年来从不左顾右盼，因为她“坚信自己的选择”。

这份自信，这种专注，使她从儿童学习需要出发自觉进行的语文教学改革充满着勃勃生机。从情境教学到情境教育再到情境课程，这株植根于实践的教改幼苗在她的不懈求索中日益茁壮；在香港、上海、北京，她以一名小学教师的身份走上国际性的教育学术论坛，宣读自己的学术论文，发出了回应世界教育改革的中国声音。

全国“五一劳动奖章”获得者，第七届全国人民代表大会主席团成员，中国教育学会副会长，全国小学语文教学研究会及中国教育实验研究会副会长，国家教委中小学教材审查委员会审查委员，全国教育科学规划领导小组学科组成员，中央教育科学研究所兼职研究员，南京师范大学兼职教授，华东师范大学兼职研究员……

荣誉的光环照亮了李吉林的名字。李吉林却更愿意别人叫她“长大的儿童”。

她说：“我是小学生的老师。我必须知道孩子眼里的世界是什么模样。只有了解孩子，才能引导他们。要不，怎能让他们在认识世界的过程中得到智慧的启迪、美的感受?”

所以，她用孩子的眼睛去看，揣摩着孩子的心理去想。

国家督学成尚荣认为，儿童观是情境教育理论的核心。李吉林把自己的儿童观演绎为“我，一个长大的儿童”。说是儿童，因为她永远有一颗童心，用爱心引领童心；说是长大的儿童，因为她和儿童一起成长，促进儿童成长。

“情境教学—情境教育—情境课程，是在对孩子，对自己终身从事的事业的爱中，在对小学语文、小学教育日益加深的感悟中，在一心想着让孩子发展得早一点、好一点、全面一点、充分一点的强烈愿望中，产生和发展起来的。”李吉林坦言，“倘若忘掉了孩子，那是任你怎样苦思冥想也想不出来的。”

从1956年走进这所小学，她——

就这样心里装着孩子，孜孜不倦地思、学、行、著；

就这样心里装着孩子，用儿童的眼睛看世界，如诗如画；

就这样心里装着孩子，用诗人的笔触书写情境教育的诗篇……

## 心里装着孩子——写诗

两只猫依偎在圈椅里晒太阳，几只鸭子在院子的另一侧溜达，铜盆里四五只乌龟怡然自得……槐树、桂花树、茶花以及叫不上名字的花花草草，装点得李吉林家的院子一派热闹。

有一年，两只小鸟飞进了这个院子，看着它们飞来飞去，衔着树枝枯草在树的枝叶间搭窝造房，已经当了奶奶的李吉林如孩子般兴奋。她不断提醒小孙子，从树下走过一定要轻一点，千万别惊动了小鸟。她满怀童心地憧憬着："让它们在这小小的庭院里安家落户，我们的家，不就成了小鸟的家吗!"

让我们将时间的指针回拨再回拨。那年李吉林上初三，新班主任李传椿带他们到紫琅山春游。本来，她以为表情严肃的班主任是无趣的，没想到登上望江亭，面对浩瀚的长江，班主任的一番话令她心绪难平："你们看，浩浩荡荡的长江，千百年来为什么日日夜夜奔流不息，气势如此磅礴？那是因为它所追求的是比它更宽阔的大海……"那年暑假，她报考了南通女子师范学校，"考师范，当教师，很好。要知道，教师，也是诗人。"班主任的话深深地影响了李吉林。

怀着这颗诗心，她渴望用情感扇动想象的翅膀，让孩子的思维飞起来，让孩子的心儿飞起来，让他们快乐地飞向美的、智慧的、无限光明的童话般的王国。

红扑扑的圆脸上明明白白地写着"喜欢孩子"，跟比自己大不了多少的学生们玩足球、踢毽子……从毫无经验的新教师到在语文教学领域崭露头角的青年教师，李吉林教师生涯的第一个 10 年像一支节奏明快的圆舞曲，有秋的愁思，但更多的却是春的遐想。

憧憬的诗句没有写下多久，阴霾就遮盖了天空。1966 年，伴随着那场灾难性浩劫的开始，李吉林也一夜间成了“小学里的反动学术权威”，凄风苦雨下早已没有了写诗的心情与环境，一度，她曾以踏缝纫机做衣服消磨时光。然而，习惯了向上的灵魂是不甘于沉沦的。她常默念着三句话砥砺自己：第一句是普希金的“心憧憬着未来”，第二句是高尔基的“我从小就是在和周围的环境不断斗争中长大的”，第三句是毛泽东的“人是应该有点精神的”。在那个无诗的年代，这些话就成了她写在心里的诗。

经历了教师生涯中阴云密布的第二个 10 年，当阴霾散去，雨过天晴，李吉林虽已年至不惑，却倍感精神焕发。铺开白纸，她决意重新写一首诗。也许她并未料到，这将是一首辉煌的教育诗。

1978 年暑假，一直教中高年级的李吉林带着改革的热情向校长请求从一年级教起。她对校长说：“小学语文对孩子们的影响太大了，但这些年来弊端太多，看出问题不碰它，我实在是坐不住!”

走进一年级教室，她感到自己像是来到了花草丛中，仿佛回到了初登讲台的激情岁月。但当时普遍单调、呆板、低效的课堂又令她忧心忡忡。结合自己 20 年来的教学实践和对孩子心理发展的研究，她大胆改变了低年级语文教学以识字为主的传统方法，从一年级上学期就进行大量的“说一句话”的训练，3 个月后开始“口头作文”，下学期进行每天“写一句话”的训练，二年级就开始写命题作文和观察日记。适当增加学习的难度，满足了小学生的好奇心和求知欲，使他们的智力得到了较好的发展。

她从外语教学的情景训练中得到启示，又从中国古代文论“意境说”中汲取营养，以实践为土壤，探索建立具有中国特色的情景交融的教学模式。“情境教学”的萌芽看似偶然，其实隐藏着必然，其产生和发展是与李吉林的课堂实验、理论学习相生相伴的。

2008年，李吉林首届实验班的学生们从四面八方会聚南通，为老师庆祝从教50周年。那天，走进李老师家的客厅，他们惊喜地看到，长条桌上整齐地摆放着他们小学时的作文本。从他们小学毕业算起，时间已经过去25年，李老师却保存着他们每个人从一年级到五年级的习作，也珍藏着他们每个人的童年。

他们不会忘记，跟随李老师在开满野花的小河畔寻找蒲公英的清晨；他们也不会忘记，李老师带领大家在濠河边吃着月饼赏月的夜晚。然而，他们未必知道，为了优选环境，从学校北边的田野、小沟渠到光孝塔、城南的公园桥畔，都留下了李老师的足迹。他们未必知道，当找到理想的秋天田野典型场景时，李老师何等兴奋，她恨不得见人就说：“哎，我找到了，明天成了！”

现在，他们明白了，李老师用辛勤的付出为他们带来了快乐的体验，这种体验将观察、思维、想象相结合，进而激发情感，触发语言表达的动机。现在，他们为当年的自己从什么时候开始变得不怕作文甚至爱上作文这个问题找到了答案。没错，李吉林的班上没有学生再惧怕作文。有个男生在日记里道：“今天我病了，想到李老师要讲评作文，我听不到了，心里怪难受的。”连李吉林也感动不已，原来作文真会到达一种“高兴得鸣发内心的感受”“不容自遏地说”的境界。1980年春天，李吉林带的这个班出版了一本《小学生观察日记》，她用每人的5元稿费帮他们买了白球鞋。

“看，鸭子，鸭子！”已近不惑之年的王许成看见李老师院子里的两只鸭子时，不禁兴奋地叫起来。此情此景，唤起往事历历在目。二年级下学期，李吉林在作文课上带领学生观察小鸭子，当王许成作为老师的小助手，用事先准备好的饭粒和蚯蚓在全班同学面前喂鸭子时，同学们都有些吃惊——他是个“落后”分子，怎么能做这么有趣的事情？而“留级生”王许成也感受着不曾有过的骄傲和自豪。

这个脸色黄黑，父母住在乡下，平时跟着奶奶生活的男孩看上去是个与集体有距离感的孩子。为了让他丢掉留过两次级的“包袱”，尽快赶上同学们的脚步，李吉林在他进班之前就给班里的学生打了“预防针”：“他比我们大两岁，是我们的大哥哥。”并想方设法把他的成绩提上去，让他感觉“我行”：容易的问题请他回答；观察日记写得错别字连篇，却表扬他“完成了作业，很好”；在作文中会用“挽着奶奶的胳膊”表达亲情，就在那行字下用红笔画圈并在班上热情地表扬他的进步……

在李吉林看来，学生都是平等的，对这样的孩子更要注意培养自尊感和自信心。她深深地认识到，师生之间的人际情境对培养儿童的学习兴趣至关重要。在李吉林的鼓励、赞赏中，王许成越来越自信了，成绩也有了很大提高。

有一次班上有个孩子得了猩红热，同时有 7 个孩子带菌。为了保证更多的孩子不被传染，每天放了学，李吉林就关上门窗，在教室里熏醋消毒。第二天一大早赶到学校打开门窗，为了流通空气，连下面的座窗也一扇一扇卸下来。然后给孩子们一个个喷喉，一个个量体温。中午休息时，把煎好的预防药挨家送给 7 个带菌的孩子。如此辛劳一周，没再出现第二例病例，这令她感到无比欣慰。

看到有些学生的家长下岗，曾经也是穷孩子的李吉林担心这些孩子的心理会受到影响，产生自卑情绪，就悄悄地通知了学校里 100 个“特困生”，给他们讲自己童年的故事，并用刚得的奖金为他们每人订了一年《百家作文》杂志，并在春节前送给他们大礼包。

她以教师特有的洞察力关注着每一个孩子，为他们提供情感的支撑。

她说："诗人是令人羡慕的，其实教师也是用心血在写诗，那是写在学生心田里的明天的诗。"

从春到秋，从冬到夏，李吉林用母亲的慈爱，诗人的深情，教师的赤诚，倾心书写着一首首教育诗。

## 心里装着孩子——求索

面对东方，她像一个初恋的少女，专注地等待情人的到来。谁想到这是一个小学教师，为班上的小学生观察日出而在这儿痴痴地、美美地望着初升的太阳呢？为了这太阳，头一天放学后，她从北濠桥、公园桥到城南的易家桥，站在一座座桥上，寻找着观察日出的最佳位置。

舱外是浩瀚的长江，时时可以听到浪头拍打船体的声响，江上是漆黑的夜，但她的心里却亮堂堂的。提包里沉甸甸的论文，不仅是用智慧，更是用人格、意志写成的，其间渗透着一个穷孩子的自尊，一个小学教师的赤诚，一个女性的清高。

凝视着这一幅幅画面，一位钟情教育、奋发向上的女教师形象呼之欲出。好学而多思，坚定而执著，李吉林用不懈求索的脚步丈量着从一名小学教师到教育家的漫长路途。

为了减轻母亲的负担，早一点给含辛茹苦的母亲带来安定的生活，以优异成绩从南通女子师范毕业的李吉林放弃了考大学的机会，于 1956 年秋走进女师附小（后更名为南通师范学校第二附属小学），成为了一名小学语文教师。

她本是爱玩的，篮球、排球、羽毛球，样样喜欢，但"当老师，就当好老师，当孩子喜欢的老师"，为了达到这个目标，她对玩的时间做了减法，索性搬到学校来住。每天清晨5点半起床，在荷花池旁读诗、背诗；晚上吃完饭便埋首于灯下，读教育理论书籍。她用冷水浴锻炼自己的意志和体格，即使是数九寒天，盆边上的水都结了冰，她也照样坚持。

1958年，初尝教师幸福滋味的李吉林受江苏省教育厅之邀到南京编教材，结识了两位搞文学评论的专家，他们的学识令她仰慕，也更坚定了她读书学习的信念。她向他们借了许多文学名著，利用晚上、星期天的时间津津有味地读着，在她眼中，书里的世界比南京街头的霓虹灯更绚烂夺目。

年轻守寡的母亲常对她说，世界上有三种人：上等之人，不教就成人；中等之人，一教就成人；下等之人，教死了也不成人。李吉林想，上等之人当不了，下等之人不能当，自己只能是教了就成人。正是这种很早就在心中孕育的自我向上的力驱使她抓紧一切时间、抓住一切机会学习，成为"在小学里读大学"的"学问家"。

1978年初秋，当她得知自己受邀携论文参加江苏省教育学会成立大会，便开始思考写什么。尽管"文革"前写过一些经验总结或教育教学随感，但写论文还是第一遭。"我从来不会望而生畏，更不会却步。"这就是李吉林，遇事总有股不服输的劲儿。

结合自己的教学实践，她首先想到小学语文教师是可以把孩子教聪明的，便决定围绕这点来写。恰在此时，她从《光明日报》上读到一篇有关"发展儿童智力"的文章，这给她的论题增加了一定的理论支撑。从一位老师那儿借来一本薄薄的《小学生心理特点》，她如获至宝，细心研读、摘抄。

"我觉得自己就如同最常见的丝瓜、扁豆，它们是可以攀援向上的，但是需要棚架的支撑，没有支撑，只能趴在地上，不可能向上攀去，也就结不起多少果实来。此时我产生了用理论支撑我的经验世界的想法。"改革的迫切心情催生了她学习理论的动力，这种动力在其后来的教学改革探索中经久不衰。

文学的、心理学的、教育学的、美学的、教学论的，中国的、外国的，甚至古代的，各类书籍她都尽力去读。寒暑假，她谢绝一次次外出疗养的邀请，利用相对集中的空余时间读书。她说："我只恨自己读得少。"她随时做读书笔记，边读边想，如何让书上的理论活起来为我所用。她的许多感受、认识、主张、思想，便来自这种热切而认真的学习和思考。

在徒弟丁伟的眼里，李吉林是个学习家，从不惮于向名人大家请教。"小学老师大多没有自信跟专家对话，但李老师总是以谦虚的、学生的心态去求教。"这种孜孜不倦的学习者姿态使她得到许多专家学者毫无保留的帮助。

1980 年秋天，李吉林在一次会议上结识了《给教师的建议》的译者杜殿坤教授。当时杜教授鼓励她"应该形成自己的小学语文教学体系"。此后每次去上海，她都会去拜访杜殿坤教授。华东师范大学的比较教育研究所于她无比熟悉而亲切，"杜老师的谈话中总是强调儿童发展，所以我逐渐形成了'一切为了儿童发展'的理念。"他指导李吉林将情境教学发展为一种"发展性的教学"。在 1986 年完成的《情境教学实验和研究》一书中，李吉林将"情境教学与儿童发展的关系"作为一章进行阐述。

杜殿坤教授常向李吉林介绍一些国外的教改前沿信息，读了杜教授推荐的有关"场论"的文章，李吉林的思想便不断发酵，悟出自己在课堂上创设的情境实际上就是一个"场"。以此为认识基础，经过 10 年的研究和实践感悟，1996 年李吉林提出情境教育基本原理之一的"心理场整合原理"。

提到与华东师范大学刘佛年校长的交往，李吉林也倍感温暖。当年，为培养本土教育家，教育部要刘校长亲自带研究生。刘佛年选中了李吉林，准备先让她读硕士，接着读他的博士，但终因李吉林的年龄和学历不符合规定而作罢。于是刘佛年聘李吉林为兼职研究员，说这样你就有可能享受华东师大丰富的图书信息资料了。李吉林感动地说：“一个小学教师应该何等地珍爱一切可以学习的机会和时间!”

向书本学习、向专家学习、向实践学习，李吉林不仅读，而且写，她写随笔、写散文、写论文、写专著。“通过写，把凌乱的思路、浅表的认识变得条理化，思考深刻了、思想清晰了。”

出版《情境教学实验与研究》《训练语言与发展智力》《小学语文情境教学》等一系列专著，撰写论文数百篇，编写《小学语文补充教材》（1～12 册）……厚重的理论成果渐渐成为这位在教改路上孜孜求索的小学教师站在讲台上的独特背景。

令人惊叹的是，这些文章大多是李吉林 50 岁以后写的。“那时候写文章，也不知道要评职称，只是觉得工作做一段，就应该总结。”为了写这些文章，她常常夜以继日，有时连春节也不休息。夏天，家里没空调，就搬个小凳子，坐到门口有风的地方写；冬天脚冷就用玻璃瓶灌上热水放到盒子里暖脚。

动力何来？毅力何来？面对这样的提问，李吉林说：“对儿童的爱，使我不怕吃苦、不怕麻烦，意志使我体验到作为人的一种力量。”

在这种自觉的钻研中，情境教学的理论体系得以不断完善，面对 21 世纪基础教育的挑战，李吉林又大胆提出了情境教育的构想：以“思”为核心，以“美”为突破口，以“情”为纽带，以儿童“活动”为根基，以“周围世界”为源泉，相互渗透，融通课堂教育、课外教育与野外教育活动，联结家庭教育、学校教育和社会教育，整体联动，构成一个区域广远、目标一致的优化情境，为学生提供生动活泼、自由丰富的发展空间，促使学生在其间积极主动地活动，充分发挥情境教育特有的统整性、涵摄性的教育效应，实现儿童身心素质的全面和谐发展。

马斯洛认为，每一个自我实现者“既是诗人，又是工程师；既是理性的，又是非理性的；既是孩子，又是成人……”在李吉林身上，我们既能看到诗人的浪漫，又能看到工程师的严谨。强烈的学习内驱力、巨大的意志力，再加之她的理论之树生长于肥沃的实践土壤，因而显示出超乎寻常的生命活力。

以赢得学者诸多赞誉的论文《在小学低年级语文教学中怎样发展儿童智力》为开端，李吉林走上了研究之路，在实践、反思中完成了从小学教师到研究型教师、学者型教师、儿童教育家的人生跨越。

## 心里装着孩子——播种

“我不是农民，却是播种者。”这是李吉林的自我定位。

那种子是什么时候发芽的？这梦一般的问题使李吉林的徒弟、南通师范第二附属小学青年教师唐颖颖的思绪又回到了童年的梦里。

“我 1978 年入学，是李老师教改实验班的第一届学生。”她和班中的许多同学一样，至今还记得李老师当年教给他们的儿歌，以及跟着李老师到野外找春天的情景。她自己也说不清梦想的种子是什么时候埋下的，但因为“喜欢孩子，喜欢像李老师一样做个教师”，从南通中学毕业，尽管考过了重点中学的分数线，她还是选择了南通师范。1989 年，她回到母校当了一名教师，并于第二年进入学校成立的青年教师培训中心，幸运地成为李老师的第一批徒弟。

李吉林深知，教育是薪火相传的事业，她以教育家的远见卓识提出“建设跨世纪优秀教师群体”的构想，1990 年春，江苏省第一个以学校为基地的青年教师培训中心成立了。

李吉林对徒弟们很严格，培训一开始，就要求每人制订一份“个人成长规划”，还要订一张“作息时间表”，嘱徒弟们严格执行。培训内容分教学基本功、教学艺术、教育理论、教育科研四部分。

现在已是南通市一所小学副校长的张洪涛当年是个贪玩、调皮的男老师。“参加培训的最初两年，因为‘野’惯了，我常常交不齐李老师布置的作业，但没想到李老师不仅没有批评我这个‘后进生’，而且表扬我已经交的一些作业。”培训进入第三年，李吉林还提议他担任培训中心的班长，这使他感受到，李老师不但能充分认识儿童，对青年教师也无比了解，“她从不用行政手段强迫大家做什么，大家却都自觉自愿地认真完成。”

李吉林的赏识使“长不大的儿童”张洪涛开始长大了，开始学着像李老师一样规划自己的教育人生。“每一次公开课、赛课李老师都亲自辅导，甚至一句话怎么说她都演示。她的主意特别多，我们有时候有点怕她，因为她经常会琢磨出新点子，推翻本已商量好的方案。我现在还留有一叠教案纸，上面密密麻麻都是李老师用铅笔修改的痕迹。”张洪涛的年纪与李吉林的儿子一般大，他对李老师的感情更多了一层亲近：“她总是把外出上课讲学的机会让给我们年轻人。”

青培中心成立后的第一个寒假，唐颖颖把自己练字的作业交给李老师，李吉林语重心长地对她说：“作为小学教师，特别是低年级教师，你的字就是对孩子的引导。”她送了一本字帖给唐颖颖。“刚工作时，嗓子哑了，李老师把别人送她的西洋参给我，还给我抄中药方子，并教我用嗓子。”这些温暖的记忆让唐颖颖体会到李吉林对青年教师的慈母之爱。

为了指导徒弟参加全国青年教师竞赛，李吉林不仅以“人生能有几回搏”鼓励年轻人挑战自我积极应战，还在胃出血卧病在床的情况下，于国庆节期间辅导徒弟准备教案，并亲自到学校听课、评课。

“你今年多大了?”

“35。”

“哦，那年轻啊！我搞实验班的时候40岁哩。你现在开始来得及。”

李吉林在学校走廊里碰见“70后”的徒弟丁伟。丁伟知道师傅是故意这么问的，她谦虚地称自己是李老师徒弟中最不用功的一个，所以李老师“总是拿着鞭子在背后抽几下”。而李吉林对年轻教师的鞭策从来如此，既不说空话、讲大道理，也不声疾色厉，以名人、权威的面目示人。她就像个邻家阿婆，遇到热闹也爱凑一凑，看见年轻人总穿黑色、灰色衣服，就直言“不好看不好看”。

“我觉得李老师最大的特点是热情，无论对人还是工作。她对人好是发自内心的，总是有什么说什么，这种直接，让人感觉跟她沟通没问题。”与张洪涛、唐颖颖那批教师比，丁伟算是李吉林新生代的徒弟，她也珍藏着李老师反复修改过的一沓沓教案纸。

有一件事让丁伟终生难忘。2003 年学校让她参加市里的一个教学比赛。由于态度上不够重视，比赛成绩不理想。大家都说：“不是平时上课挺多的吗？怎么上成这样？”她当时最不敢面对的是李老师，“可李老师没有找我，这件事就这样过去了。一个多月后，李老师找我过去，让我备《装满昆虫的衣袋》，在校内展示，并说：把这堂课备好、上好，打个翻身仗！”原来，李老师怕她就此消极，就此放弃，以这样看似随意，实则用心的方式让她重振旗鼓。李吉林的包容换来的是年轻教师对学生的包容，“用发展的眼光看学生，为学生创造机会、搭建舞台是我最重要的成长。”丁伟说。

李吉林对青年教师的影响并不局限于学校的语文教师，在李吉林的带动下，整个学校都沐浴在情境教育的阳光下。德育处教师刘洪在组织学生开展主题活动时，从李老师身上学到的是，组织活动之前精心策划，想清楚活动想让学生最终获得什么。“南瓜节”“螃蟹节”“丰收节”等融汇了情境教育思想的年级活动已成为学校的传统项目。

“搞科研很辛苦，教师工作很辛苦，投入一点你就会干得很高兴。”教学教师柳小梅觉得李老师这番话说到了她的心坎上。她向李老师请教课堂教学语言的问题，李老师一边示范一边说：“教师应该根据学生课堂上的实际表现，发自内心、融入真情地给予评价，而不是套用课前设计好的词汇去表扬。”在李吉林情境教育理论的指导下，柳小梅设计课时特别注意情境的优化选择，《用字母表示数》一课获得了2006年江苏省教学竞赛一等奖。

鼓励年轻教师“自信地想、快乐地想”，提醒他们“从学生的角度去想，研究针对学生的学设计教师的教”，在李吉林的悉心指导下，数十位年轻教师从各自的学科脱颖而出，情境教育的种子得以在更大的范围播撒、萌芽。

曾经，上了小学的孙女儿对李吉林说：“奶奶，我发现你像个小孩子，我喜欢和你玩。”听罢孙女的话，她无比惊喜！她认定这是一种赞誉，“因为儿童说我像儿童，大概我是真的有点像儿童了。”

这种“像”更源于“懂”。她说：“我们的孩子，每日走进学校，不仅仅是为明天的辉煌做好准备，而且也是为了今天童年精神生活的需要。”这种“懂”使她为“小孩子没得玩，大孩子没得觉睡”的应试现实而深深地痛心，使她无论多忙，下课铃响后都要起身看看哪个教室的门没有打开，提醒老师不要拖堂。这场景不禁使人想起原国家教委副主任柳斌对李吉林的赞誉：有情有境导童稚，无怨无悔见精神。

从一个普通的小学教师到一名儿童教育家，77岁的李吉林依然走在从家到学校那条熟悉的路上。从情境教学—情境教育—情境课程，再到如今的情境学习，围绕“情境”，李吉林且思且行，构建起具有中国民族文化特色的情境教育理论及操作体系。50多年，19000多个日子，她说：“我的工作没有重复，因为学生在进步，我也在进步。”

她的心里始终装着孩子，所以依然孜孜不倦地思、学、行、著，依然在用诗人的笔触书写情境教育的诗篇……

教师心语

# 爱，好老师的第一素养

◎李吉林

我真没想到在自己早逾古稀之年，获得首届国家级基础教育教学优秀成果奖特等奖，这是我做梦也没想到的事；我更没想到颁奖活动规格这么高。2014年教师节前夕，习近平总书记、李克强总理、刘云山、张高丽四位中共中央政治局常委亲切接见我们，会议厅里热烈的掌声与欢笑声交织在一起，大家沉浸在无比的幸福之中。

当习近平总书记走到我面前与我握手时，我情不自禁地说："总书记，您是我们爱戴的伟大领袖，我两次与您握手，我是幸福的教师。"习近平总书记和蔼地望着我，亲切地说："你要多保重。"轻轻的一句话，饱含了总书记对教师深深的关爱，流露出一个大国领袖的仁爱之心，我被深深地感动了。

当天下午，刘延东副总理给我颁奖时，她和蔼可亲的微笑和话语，让我心中十分甜美。颁奖后，她的报告让我在第一时间听到习近平总书记上午在北师大重要讲话的内容。习总书记指出，"百年大计，教育为本；教育大计，教师为本"。他号召"全国广大教师要做有理想信念、有道德情

操、有扎实知识、有仁爱之心的好老师”“做党和人民满意的好老师”。我听后备受鼓舞。

回顾自己36年探索与研究情境教育的历程，我总是用心倾听时代的脚步声，听从伟大时代的召唤，随之紧紧跟上，不肯停步，脚踏实地往前走，充满了对祖国、对教育、对学生赤诚的爱。我深深体悟到：爱，是当好老师的第一要素。

我想，做党和人民满意的好老师，首先要有对伟大祖国无限热爱的丰富而宽厚的情怀。我是20世纪50年代的师范生，是从贫穷中走过来的，是新中国培养出来的一代教师，我更懂得珍惜和感恩。我在初中学近代史时，就知道近百年来由于清政府的腐败造成西方列强，包括日本帝国主义对我们祖国的一次次凶残的掠夺和践踏，这国耻深深地刻在我心上。记得1980年，我到日本考察，当我觉察到日本的学校设备比我们的先进时，心里很不是滋味，坐在车上，心情不能平静。傍晚，我在日记本上写道："祖国母亲，我是第一次离开您的怀抱，让我第一次体验到想念祖国之情是何等的真切而圣洁。"我含着泪水写着："祖国母亲，您今天虽然贫穷，但是您的儿女不会嫌弃。我们要用勤劳和智慧让您富强起来……"当我回国给孩子们上课时，向他们讲了在日本的所见所思，要他们从小立志，长大了用自己的双手和本领让祖国强盛起来。我讲得很激动，流露出心中对他们急切的期盼。当时就有孩子站起来说："李老师，您的脸都讲红了！"我把小学教师平凡的工作与祖国美好的未来联系起来，深刻地体验到教育是神圣的事业，我必须虔诚相对，其间凝聚着我的理想信念。正是对伟大祖国始终不渝的爱，成为我 36 年坚持情境教育的探索与理论研究永不枯竭的力量源泉。

因为对祖国的爱，我作为教师很自然地从国家利益、民族兴盛这样的高度去思考教育，满腔热情地从事每天的工作。这样的信念、这样的情感，必然会在教育教学中流露出来，进而影响我们的学生。进入这样美妙而圣洁的境界，仿佛自己的人格也升腾了。

我心存高远之志。中国教育史让我知道中国的教育从 20 世纪初先是学习日本，后来学习欧美；20 世纪 50 年代后是全盘学习苏联。总之，搬用国外的教育模式和理念几乎是一种常态。所以，我心里向往着，中国教育应该走出国门，走向世界。我努力去寻"根"，怎么使情境教育具有本土文化的气息；我关注国际教育改革的动向，去学习、借鉴世界先进的教育科学，使情境教育既具有中国特色，又能与世界教育对话。我想，这就是我作为一名中国教师的"教育梦"。现在，情境教育走出国门，虽然才迈出第一步，但是当我有了这样的志向和美好的憧憬时，我便觉得自己的事业充满诗情画意，中国教师的尊严油然而生。

心中充满对祖国庄重而深沉的爱，作为教师，我必然爱工作、爱学生。习近平总书记指出：“爱是教育的灵魂，没有爱就没有教育。”在我心中，儿童是世界上最纯真、最具有向上性且又充满奇思妙想的人。我和他们在一起生活了半个多世纪，这是我人生的莫大幸福。我深深地爱着我的学生，出身寒门的孩子，总会令我对他们更偏爱、厚爱一点，为他们送上温暖。在我心中，对学生的爱，我觉得不仅是关爱，还常有一种怜爱渗透其中。因为我们的学生是小孩，还不完全懂事，还很稚嫩，他们尚不知道，儿时的学习生活会如何地影响他们的未来。教师担当的责任就更大，更讲究教师的良知。于是，我心里总盘算着，怎么用真情、用厚爱，化成善导；怎么用爱心，为他们遮风挡雨，小心地呵护，但又精心地进行历练；又怎样依循教育科学，使我们的教育教学顺应儿童的天性。我还特别警惕，在教学中千万不能在不经意间泯灭儿童可贵的想象力和创造力，那会对儿童造成无法弥补的损伤。

因为爱，我不倦地在“小学里读大学”，努力拓宽自己的学术视野，加厚自己的知识功底。我苦心研读中国古代文论经典《文心雕龙》，从中概括出“真、美、情、思”四大元素，发现这正是儿童发展所需。于是，我将其创造性地用于小学教育。这些年，我又潜心学习脑科学和学习科学，从中为情境教育找到科学的理论支撑，使情境教育更具有科学性和生命力。正是我内心对学生的爱，竟启迪了我的智慧。每当我面对儿童的眼睛、儿童的微笑、儿童的哭泣，我不可能无动于衷。我必须琢磨儿童的所思、所需、所爱、所畏……爱，让我在情境教育探索与研究的 30 多年间心无旁骛，沉浸其中。

正如习近平总书记指出的，“爱心是学生打开知识之门，启迪心智的开始，爱心能够滋润浇开学生美丽的心灵之花。”这诗一般的语言，其实就是教育规律的揭示。习近平总书记还指出，“好老师要用爱培养爱，激发爱，通过真情、真心、真诚拉近同学生的距离，滋润学生的心田。”我顿觉情境教育与习近平总书记对教育的要求相契合，这给我巨大的鼓舞。我对照自己探索、创立的情境教育，就是以美激爱、以爱导行、以情激智、以情为纽带，缩短与儿童的心理距离。把情感与认知结合起来。情境教育就是以情感为命脉，让儿童在美的愉悦中，在情感的驱动下，主动地投入学习活动，享受学习活动带来的快乐，使学习获得高效。所以，中央电视台在播放采访我和李希贵校长的画面时，下面的字幕中就是“个性与情境教育：基础教育的新方向”。简短的一句话，该给情境教育多高的评价，更是召唤我要和老师们坚持在实践中研究，进一步增强迈向情境教育新境界的信念。

我要和广大教师一起积极响应习近平总书记的号召，努力使自己成为党和人民满意的好老师。爱，是好老师的第一素养。

我真想倡导“爱满校园”。

（本文获2014年由教育部门户网站发起的
“做党和人民满意的好老师”征文活动特别奖）

ZHONGGUO HAOJIAOSHI

# 中国好教师 周小燕

ZHOUXIAOYAN

她说："为了祖国，为了艺术，我一天要当几天用。"她好似歌声嘹亮婉转的"中国之莺"，用毕生心血唱出了一曲格调高雅的生命咏叹调。

# 我不能承受没有学生的生活

◎沈祖芸

一个个在国际乐坛上响亮的名字：廖昌永、张健一、魏松……但是很少有人知道他们从前或是锅炉工，或是在农村养鸡喂猪的孩子，是谁改变了他们的命运，甚至创造了他们，使他们在毫无音乐知识，没有接触过西洋音乐的情况下，成为世界一流的歌唱家？是周小燕。

2011 年 8 月 20 日晚上，当第八届上海国际歌剧大师班结业音乐会近尾声时，全场沸腾起来，观众纷纷起立鼓掌，祝贺音乐会成功举办。一直坐在台下的大师班艺术总监周小燕走上舞台，与学员们共同分享收获的喜悦。

已经近 98 岁高龄的周小燕，现在仍每天在家中给学生上课。有时上午四节、下午三节课的工作量，对她而言已是超负荷了，而对于那些研究生、本科生来说，能听周小燕的课却是难得的机遇。在她独特教学方式的指导下，这里用不了多久又能诞生世界瞩目的声乐人才。

从抗战烽火里演唱《长城谣》，到功成名就之际毅然回国；从指导学生在世界大赛上摘金夺银，到连续 8 次主持上海国际歌剧大师班，周小燕心里怀着一个梦想，让中国的歌剧立于世界艺术之林。她说："为了祖国，为了艺术，我一天要当几天用。"周小燕，好似那歌声嘹亮婉转的"中国之莺"，用毕生心血唱出了一曲格调高雅的生命咏叹调。

## 中国歌唱家就要唱好中国歌

1917年8月，周小燕生于上海一个工商世家。父亲周苍柏排行老二，在汉口文华学堂加入同盟会，从上海南洋公学毕业后去美国留学，学成归国在上海银行任职，后被派到汉口组建上海商业储蓄银行分行。年幼的周小燕随父母亲返回祖籍湖北武昌。

周苍柏热爱音乐，为孩子创造了良好的艺术学习环境，他曾让周小燕姐弟三人拜师学艺。周小燕是孩子中间最活跃的，她带领弟妹们组织了家庭儿童歌舞剧团，请亲友、邻居来看他们自编自导的戏，这简直成了周家每个周末的保留节目。1935年，周小燕考入上海国立音乐专科学校学音乐。两年后上海沦陷，周小燕和弟弟周德佑回到武汉。周德佑在上海沪江中学读书时，就参加了党的一些地下活动。

1937年，抗日烽火燃遍中华大地，武汉成了全国抗战的中心。周苍柏对儿女们说："不做铁蹄下的顺民，不要回上海了。"周小燕全身心投入到抗日救亡运动中。她和妹妹们帮助母亲为抗敌将士缝制棉衣，去医院护理伤病员。她参加武汉合唱团，用她独特的歌喉，演唱抗日歌曲，鼓舞民众。

武汉街头的简易舞台上，一位年轻姑娘深情地唱着："万里长城万里长，长城外面是故乡……"歌声悲愤苍凉，如泣如诉，深深感染了众人。《长城谣》这首抗战名曲，后来被选为电影《热血忠魂》插曲，传遍了大江南北。唱歌的姑娘就是刚刚20岁的周小燕。

一首悲音低回的歌曲，一段难忘的家国情怀。《长城谣》牵系着周小燕对祖国母亲真挚而深沉的爱。《歌八百壮士》《最后的胜利是我们的》等抗日名曲，也都是由她首唱的。

在光未然的支持下，周德佑和好友恢复组建拓荒剧团，宣传抗日。剧团演出的第一出戏就是光未然的《五月的鲜花》。不久，剧团被改为抗日演剧七队，到抗日第一线演出。周德佑又编又导又演，一天只睡三四个小时，终于，这位年仅 18 岁的小伙子累倒了，为了抗战事业，再也没有起来。周恩来、董必武、邓颖超等中共领导人参加了他的告别仪式。

周小燕一直忘不了，她的这位聪明、活泼、热情的弟弟，拉着她和父母的手，在生命最后一刻说的一句话："我不行了，但是你们一定要坚持抗战到底，最后胜利一定属于我们。"

时隔半个多世纪，1995 年，在纪念抗战胜利 50 周年活动中，周小燕走上长城，身穿黑底红花旗袍的她，以 78 岁的高龄，再次放歌《长城谣》。当年，国土沦陷的噩耗接二连三，她心急如焚；此刻，山河妖娆，祖国强盛，她从心底感到无比自豪！泪水止不住地从她眼眶流出。"四万万同胞心一样，新的长城万里长……"她的五名学生接唱着，对老师的曲折心路感同身受。

为庆贺周小燕从教 65 周年，2005 年 6 月 18 日，她的弟子们在上海大剧院专门举办了一场音乐会，周小燕又一次登台，领唱《长城谣》。眼前，桃李飘香，高徒群集；这一年，正值抗战胜利 60 周年。虽然岁月流逝，两鬓霜华，《长城谣》的歌声从悲愤到自豪再到欣慰，周小燕心中的那份激情依然在燃烧。

之前有人担心，她年纪这么大，还唱得动吗？有人则好言相劝，还是不要唱了，万一唱不上去，坏了自己的名声。周小燕回答道："我今年 88 岁了，还有两年就 90 岁了，当年的音色不会有了，但当年的爱国热情和抗战激情还是有的。”一首穿越时空而来的歌，带给观众强烈的共鸣和震撼。

心怀爱国的热情，周小燕始终坚持一个原则：中国歌唱家要首先唱好中国歌。她不但身体力行，而且教导学生认真去做。她的一名弟子曾经举办音乐会，整场都唱外国歌，只在加演的时候唱了首《长江之歌》。周小燕厉声责问：“你是中国歌唱家，为什么不把中国歌曲列入正式曲目？”从那以后，周小燕向声乐系建议，每个学生每学期攻习的 10 首作品中，必须有 4 首中国歌曲。

周小燕有时问学生：“学美声是为了什么？”学生面面相觑，回答不上来。她说：“是要追求西方那种纯粹技术性上的先进吗？错了！我们要搞清楚的，是西方人如何用科学的发声技巧，为本民族音乐文化服务啊。学了别人的唱法，最终为的是能向世界传递中国的歌声，让人家感受到中国文化的美。”

周小燕始终认为，学美声，就应当学西方人如何用科学的发音技巧，为自己民族的音乐文化服务。因此，她的声乐教学从来就不是纯技术性的，而是整体而全面的，除发声技巧、音乐感觉、咬字吐音、风格把握、感情投入等内容外，还特别要求学生多唱中国歌曲，并以自己的博学多识，逐词逐句地讲解中国歌曲的美感，让学生真正感觉到中华民族音乐的魅力。即使唱外国歌曲，周小燕也经常要求学生用中文来演唱。

为使学生唱好中国歌曲，周小燕潜心研究美声唱法和民族语言的结合，追求声、情、腔、字的完美统一，力求做到“洋为中用”，使美声成为为中国民族语言服务的艺术手段。她所写的《男高音中声区和换声区的训练》《当代世界声乐发展趋势给我们的启示》《声乐人才培养中应该注意的几个问题》以及《周小燕教授谈声乐教学》《关于美声教学的谈话笔录》等学术论文，无不展示着她的艺术思想和理论研究成果，也反映了她为建立和完善中国美声学派不懈探索的历程。

她热爱这块饱经沧桑的土地，这份爱融汇在她毅然归国的行动里，附着在她演唱的曲目表上，体现在她日复一日的教学活动中。

## 为建设人民音乐而努力

1938 年，周小燕赴法国学习声乐。经过 8 年的刻苦学习，她出现在巴黎这个国际大都市的舞台上。

1946 年 7 月，周小燕在卢森堡举办首场独唱音乐会，受到了社会各界的高度评价，“嗓音纯净，像水晶般坚实，像钻石般光彩”，还有报纸称赞她“花腔技术娴熟高超”。自此，欧洲一些国家的著名大剧院热情地向她发出了邀请。周小燕被誉为“中国之莺”，活跃在意大利、德国、英国、瑞士等国家的舞台上。

一年后，周小燕参加了世界乐坛盛会——首届“布拉格之春”，紧接着在捷克的五大城市巡演。瑞典、挪威、芬兰、美国……各国的邀请函更是如雪片般飞来。然而，在事业最为辉煌的时刻，1947 年年底，周小燕作出一个很多人无法理解的决定：回到祖国。

半个多世纪后，一位美国记者问周小燕：“你这一生吃了不少苦，从法国回来后悔不后悔?”她坚定地回答：“不后悔。这里是我的祖国。我为她出力了，我不后悔。如果我没有为她出力，我才会后悔。”有人问她回来的初衷，周小燕淡淡地说：“我没有想很多。出国前父亲就对我说：不要忘了自己是中国人，学成后回来报效祖国。当时，我觉得自己已经学好了，也演出了，并且获得了肯定和好评，应该回来了。”

刚刚回国之际，周小燕忙着为“反饥饿、反内战”筹粮募捐义演。迁到上海不久的陶行知先生生前创办的育才学校请她去担任声乐教师。周小燕纳闷：

我是个唱歌的，怎么让我教学生？可一到学校，孩子们纷纷围了上来。一个声音特别好却唱不准节奏的女孩子，一把拽住周小燕的手，啥都不说，眼睛使劲盯着她，满是渴望。周小燕心一动，就决定教了。没多时，她的父亲提出再送她到美国、欧洲开音乐会，周小燕坚决地摇头：我不走了。她的根扎在了祖国的土地上。

1949 年，周小燕赴北京参加第一届全国文代会。周总理看到周小燕，关心地问："德佑的坟前竖碑了没有？"周小燕回答："没有。"周总理说："像他这样一位青年，离开优越的环境，参加我们的队伍，真不容易，应该为他竖一块碑。"

听周总理谈到为国捐躯的小弟，周小燕非常激动。她想，自己也没有为党做什么事，却被选为代表，参加这样一个重要的会议，很惭愧。她把这个想法说了出来。周总理亲切地说："革命不在迟早，只要站在人民这一边就好。你要多向你的弟弟学习。"

周小燕还得到大会发的一个小本子，周总理在上面为她题词："为建设人民音乐而努力"，让她备受鼓舞，心中充满了温暖和力量。郭沫若、茅盾、巴金、田汉、丁玲等也为她题词，勉励她为人民歌唱。"这是我人生最重要的转折。"夜里，总理的关怀，总理的鼓励，和为人民唱好歌、当好教师的强烈冲动，让周小燕辗转难眠。共产党这样一位大官如此亲切随和，她打心眼儿里敬佩。她下定决心好好干，她在心里对自己说，我也要加入中国共产党。回来后不久，她向党组织表达了自己的愿望。

周小燕在入党志愿书上写道："我曾经是大海上的一叶孤舟，四处漂流，没有方向，是周总理的亲切教诲，拨亮了我心中的一盏灯。我要为人民歌唱，做人民的歌手。"一片敬党爱党的赤诚之心，溢于言表。

1956年3月，周小燕成为中国共产党的一分子。入党那天，她激动得喜极而泣，好久什么话也说不出来。她高兴，今后可以与自己敬佩的共产党人一起学习、工作了。她觉得自己有了方向，有了靠山，她要为不玷污这个称号而努力工作。周小燕动情地回忆说："入党那一刻，我激动得哭个不停，真的哭个不停。我想到了像周总理那样的共产党员，心里发誓：要像他们那样更好地做人，做一个有信仰有目标有价值的人。为了祖国，我要把每一天都交给声乐教学。"

远在武汉的父亲周苍柏，听说她加入了中国共产党，也高兴得哭了一场。他知道，周小燕的这份情感，来自她的切身感受。

十年动乱中，周小燕受到不公正对待，被批被斗，下放到农村，种过地，养过鸡，打扫过厕所。她也委屈过、痛苦过，但是从来没有怨恨过、怀疑过。她说："我那时经常想，周总理还在中央，一切都会过去的。就像在黑暗中看到一线光明那样，等待着阳光普照的那一天。"

如今，回想起那段时光，周小燕豪情满怀："我一直记得总理和大师们的话。当一个人民的歌唱家、人民的教师，是最光荣的，这也是我一辈子努力的方向。"

周小燕当年相信共产党能救中国，她也一直相信共产党能建设好中国。她说："共产党是在一片废墟上建设新中国的。刚解放时，不是就有人说共产党领导不好，不出一年就会滚蛋。可是，没几年我们连妓女也改造好了，真是扬眉吐气啊。现在，国家建设得越来越好，人民生活有了很大改善，国际地位大大提高。我经常想到我的父亲，想到我的弟弟，想到那些先烈。我比他们幸运，一个强大的中国，他们没有看到，我看到了。我是一个从旧社会过来的人，就是在这样的对比中来认识共产党、相信共产党的，并且以成为她的一员而自豪。"

1949年，周小燕进入上海音乐学院，这位花腔女高音歌唱家成为声乐系教师，生命紧密地与学生连在了一起。新中国成立后，她成了声乐艺术的开拓者，至今已培养了整整四代声乐人才。学生们以自己的歌声和实力走出国门赢得荣誉，让外国评委惊呼：“中国已经形成了自己的声乐学派。”

在中国声乐教学领域，“周小燕现象”让很多人佩服不已。每天早起后，周小燕这位耄耋老人连续上课5个小时，有时连吃饭都顾不上，间隙，啃几片面包充饥。谁要是劝她歇一下，她就跟谁急。

为强制周小燕休息，音乐学院严格控制了课时，可她的时间表还是排得满满的。原来，她趁别人不留神，在课时表的空当中画圈圈，自己把学生给约来了。为了教课，她就这样玩命。难道她不累？家中保姆说：“怎么不累？学生在，她讲得眼睛都亮了。可学生一走，立马趴在沙发上，起都起不来。”我曾问周小燕：“您为什么这样拼命？”她坦然一笑：“说来你们年轻人不信，从我成为党员的那天起，我就决定了，我的每一天都这样过。”

面对荣誉，周小燕心态淡然。几年前，她重回武汉东湖，寻访弟弟的墓。一切都变了，弟弟的墓怎么也找不到了。她的心里空落落的。她又一次感到自己是那么的“收支不平衡”：没有付出什么，却得到了许多。想想这些长眠于地下的烈士，他们得到了什么？什么都没有。

周小燕说：“我想了很久，不知道我先进在哪里。我是一名教师，教学生是我分内的事。我这一生也就做了这么一件事。我也看过报纸上关于其他先进人物的报道，他们的事迹都是很感人的，但是我没有啊，我很平凡。我现在能够做到的就是向他们学习，让自己的形象对得起‘共产党员’这个称号。”

常有国外和中国台湾、香港地区的学生惊奇地说：“啊，周老师，您是共产党员啊!”这时，周小燕也常常会反问她的这些学生：“那么你们认为的共产党员应该是什么样子的？我入党是为了更好地做人，做一个有信仰有目标有价值的人。”周小燕认真地回答。

## 我不能承受没有学生的生活

上海音乐学院成立后，贺绿汀院长扔给周小燕一块难啃的“骨头”，将嗓音条件很好的民歌专业女生鞠秀芳，改造成美丽的“花腔”。当时声乐系条件简陋，美声和民歌教研室难以“分灶”，周小燕则灵感突来——何不跟民歌唱法教师联合教她？结果，苏州姑娘鞠秀芳踏上了民族、美声“两条船”，周小燕自己也捧着小本本，坐到了民歌、评弹的课堂里。土洋结合的教法产生了特殊的效果，鞠秀芳在第六届世界青年联欢节上捧得了金奖。这也是由新中国音乐院校培养出来的民族唱法歌手获得的第一个国际奖项。民族声乐试验田有了初步收成。20 世纪 80 年代，与世界沟通之门重开。周小燕发现，艺术门类互相交叉，已成世界歌剧发展的趋势。国内争论了多年的“土洋结合”，方向没有错。她贪婪地“拿来”国际声乐界最先进的理论、技法，跟讲究“字正腔圆、以声传情、声情并茂”的民族声乐美学原则相融合，教出新意，也教出自信。

“非典”时期，上海有些高校停课。一天，静寂的上海音乐学院党委办公室里电话响了，听筒里传来周小燕痛苦的声音：“张书记，我难受死了。我不能承受没有学生的生活，他们就是我的生命啊!”

“我不能承受没有学生的生活。”这是周小燕发自肺腑的一句话。在她内心的天平上，学生是生活里不可或缺的组成部分，她就像对待自己的孩子一样，为他们送上悉心的指导，看着他们长大成才，在声乐的天地里成就自己的事业。

魏松 1973 年进入上海音乐学院，师从周小燕。那时“文革”还没有结束，周小燕冒着被批斗、被逐出教师队伍的危险，下课后把学生领到自己家中，拉上窗帘，让他们把耳朵贴在留声机旁，倾听那几张没有被抄走的法国旧唱片。魏松正是从这里得到了西洋音乐的启蒙，一步步成为优秀的男高音歌唱家。他感叹，对周小燕老师来说，“学生是她生命中的唯一”。

周小燕对学生最常说的一句话是：学艺术，先要学做人。

张建一当学生那会儿，跟周小燕去四川演出，大获成功。当晚，张建一一高兴，跟陪同人员多喝了几杯。第二天演出，嗓子突然沙哑了，观众没了反应。周小燕涨红了脸，一声不吭。等张建一下得台来，她激动起来：“你这么做是自私！你没把观众放在心里！”从来没见过先生发这么大的火，张建一愣了，羞愧难当，从此滴酒不沾。10年后，已成为美国大都会歌剧院名角的张建一，回沪借宿周小燕家。两人谈歌剧到半夜，张建一兴奋不已，失口说出“真想喝点酒”。周小燕忙起身，翻寻橱柜，拿出了家里最好的酒……

廖昌永，一个赤脚的农家孩子，朴实又腼腆，初见周小燕时吓得逃到马路对面，不敢打招呼。他不仅钢琴、乐理基础差，一开口还有浓浓的四川口音。周小燕把他带回家，一句一句地纠正。廖昌永学习十分刻苦，进步显著，本科毕业后，又成为周小燕的研究生。

在跟随周小燕学习了几年之后，1996、1997年两年时间里，廖昌永三次获得国际声乐大奖。难怪著名男高音歌唱家多明戈感慨地对廖昌永说：“你是一个天才的歌唱家，更重要的是你有一位伟大的老师。”

一路走来，廖昌永自言受惠于周小燕老师最多。在学习声乐知识的同时，做人做事都深得老师的言传身教。在一次歌唱比赛中，廖昌永没有得到预期的名次，感到很沮丧，这时周小燕走到身边，和颜悦色地告诉他：“你不是来拿第一名的，而是把所学到的知识展示给大家看。”短短一句话，令廖昌永醍醐灌顶，从此养成参赛的好心态。

廖昌永还清楚地记得，比赛归来，捧回了奖杯，周小燕语重心长地告诫他："获了第一名之后，并不是说你现在就比以前好了很多，只不过现在有了机会拿到第一名。你还是和以前一样的，还得保持一个很平静的心态。"正是因为这种贴心的提醒，让廖昌永一直能宠辱不惊。

如今，廖昌永已成为享誉国际的歌唱家，并担任上海音乐学院副院长、声乐歌剧系主任。在众多演唱场合，他最爱唱的一首歌是《老师，我总是想起您》。他说："我在周老师身边生活数十年，跟她完全像母子，感觉特别亲。"他曾带着愧疚向周小燕的儿子和女儿说："我代表周老师的学生向大哥大姐致歉，因为我们占用了周老师太多的时间，而她花在你们身上的时间又太少了。"

周小燕家的房门，时常为学生打开，她的家是免费的旅馆和教室。如今活跃于世界舞台的李秀英，当年就因为生活困难，在这里吃住了好几年。节假日里，周小燕还会把学生叫到家里聚餐，减少他们对家乡亲人的思念。更多时候，师生对琴而歌，共同切磋声乐技巧。在音符缭绕的客厅里，学生收获的不仅是歌唱的技巧，更感受到一种大爱的暖流和崇高的人格魅力。

一批又一批优秀学生，在周小燕的指导下走上了世界舞台——魏松、廖昌永、李秀英，还有张建一、鞠秀芳、罗魏、高曼华、刘捷、顾欣、万山红……每当捷报从国内外传来，周小燕总是为学生的成长进步感到欣慰。

周小燕的与众不同之处，就是永远把教学、把音乐当做一项事业来做。尽管年事已高，但每次出现在大家面前时，她总是鬓发不乱、着装优雅，重要的是她的心依然年轻，她一直带着青春的心态在做事业。

有人赞扬周小燕，培养了那么多出类拔萃的弟子。她却说，学生成功了，最重要的是他们能够为国家争光、做事，而她个人起的作用则是其次的。"如果论功劳，我最多只占一部分，还有学生自己的悟性和勤奋，以及其他老师打好的基础、观众的鼓励、社会各界的帮助。”周小燕谦虚地说。

1996 年，周小燕的老伴、著名电影导演张骏祥病逝。他们在美国的儿子和女儿回来奔丧。临走那天，儿子看到瘦弱的母亲坐在沙发里掉眼泪，心里很不是滋味，就动员母亲和他们一起去美国，可周小燕不答应：“我不去。我的学生都在这里，我去那里干什么！”

## 我的歌剧事业才开始下半场

在周小燕心目中，献身教育事业正是安享晚年的最好方式。

看到中国的歌剧事业迟迟未能走出低谷，自己培养的歌剧人才因“英雄无用武之地”而纷纷外流，周小燕在没有固定队伍、固定经费、教学排练场地的情况下，决定创办歌剧中心。1988 年，上海周小燕国际歌剧中心成立了，周小燕亲自挂帅。中心一改长期以来从中央到地方各级歌剧院固定编制式的演员阵容，以短期合同方式实行流动聘用制，保证了演员的质量，也留住了一批人才。

创办歌剧中心这一年，周小燕已年过古稀，但她不觉得这样的年龄意味着思维迟缓、行动不便。为了办好歌剧中心，她事无巨细，身体力行。

中心成立次年，就与江苏省歌舞剧院合作，演出意大利著名歌剧《弄臣》。周小燕每天都在排练场。一天，她边后退边与学生说戏，脚底一滑摔倒在地，大腿股骨骨折。大家担心她的身体，周小燕却自责起来，担心影响《弄臣》的排演进度和质量。她决定不离开南京，就在当地做手术。长长的钢针打进了她的大腿内，把裂开的骨头重新固定好。没过几天，周小燕将演员叫到了病房，逐一辅导。彩排时，她摇着轮椅来了，悄悄地在观众席旁边的走道上观看。

第二届中国艺术节开幕，歌剧《弄臣》在南京隆重上演。周小燕坐着轮椅看演出，演出效果比她想象的还要好。剧终时，周小燕被她的学生们连轮椅一起抬上舞台接受满场观众海潮般的欢呼，全场上下都被这个坐在轮椅上的教授感动了、折服了。

多年来，周小燕歌剧中心先后公演了《弄臣》《茶花女》《唐卡洛》《唐帕斯夸勒》《乡村骑士》《原野》等中外佳作，并举办过多场中外歌剧名作精彩片段音乐会，大大丰富了中国的歌剧舞台。不少国内青年歌唱演员把进入周小燕歌剧中心作为自己的奋斗目标。歌剧中心在国外也声名远扬，影响力日益增强。

1992 年，周小燕歌剧中心与美国旧金山歌剧中心签订 10 年交流计划协议，并与美方联合举办三场歌剧专场音乐会，开创了中国歌剧界开展长期国际交往的先例，并获得了太平洋地区歌剧演员赴美演出资格的审听权。为此，中国的歌剧同仁骄傲地宣称“周小燕在中国树立起了一面歌剧的旗帜”。

周小燕歌剧中心不仅“出戏”，而且“出人”。上海国际歌剧大师班是中心组织的常规活动，自 2000 年首次举办以来，至今已举办八届。中心邀请国内外知名声乐大师，为青年歌唱家、声乐教师和优秀声乐学生安排丰富的课程内容，进行歌剧演唱、歌剧语言、歌剧表演等专项培训。周小燕担任大师班艺术总监，不仅参与前期策划筹备，还亲自登台授课，观摩学员们的结业表演。

置身声乐教育的氛围中，周小燕浑身有使不完的劲儿。她总是仔细聆听着每一个学员的演唱，一个音一个音地纠正，甚至连一个眼神、一个表情、一个动作都不放过。

1998 年年末的一天，周小燕被医生诊断患上了脑血栓。一个月后，刚能含含糊糊地说话，她就叫学生来补课。学生们送来了花篮，却一致决定暂时

“罢课”。从国外回来的针灸医生戴月华听说此事，马上表示愿为周小燕义务治疗，而且有把握治好。周小燕说：“太好了，我又能工作了。我相信针灸。”

医生针疗时，周小燕从头到脚扎满了银针，她戏言自己“像个刺猬”。第一天拔掉针后，周小燕就可以抬手，可以走路了。她高兴得要请记者和医生出去吃饭，她说：“我又能穿高跟鞋了！我又能弹钢琴了！”三天后，她真的穿上高跟鞋，步履轻盈地到上海大剧院听学生们的音乐会。

2011 年第八届上海国际歌剧大师班吸引了全国 20 个省市的 42 名学员参加，几周的时间里，他们接受了中外名师手把手的指导，在结业音乐会上展现了精湛的演唱水准和不凡的艺术潜质，演唱曲目涉及 5 种语言的 21 部歌剧。

意大利著名钢琴演奏家、指挥家马克·博埃米兴奋地说：“我很惊奇，中国有这么多好嗓子。学员们的表现堪称完美，相信他们未来的艺术前途一定很光明！”

学员们上台谢幕的那一刻，观众席沸腾起来。周小燕掩饰不住内心的喜悦，起身向全场挥手致意。她的步伐稳健有力，她的表情自信欢愉，似乎在告诉人们，弟子们有了进步，她是多么自豪；能够为教育事业尽心尽力，她又是多么幸福。

有个学生曾对旁人说：“我是周小燕的关门弟子。”周小燕听到后，厉声质问：“我什么时候说过你是关门弟子？”“那么，老师您什么时候关门？”周小燕回答：“等我盖棺的那一天。”她说：“我是终身教授，就一定要教到再也爬不起来。”

老伴去世后，上海音乐学院同意她在家里上课。歌声和钢琴声，成了周小燕客厅里的美妙风景。如今，她几乎每天都要上课，上午带两个学生，下午带三个学生。每逢学校开会、集体活动等，不得已停课，她都会在周末补上。有

时，学生因恋爱挫折甚至学生家长因生活琐事跑来求助，周小燕总是耐心地倾听、劝解，宛如一位慈祥的老奶奶。

对慕名而来、登门求教的学生，周小燕从来不取分文。相反，她常常为困难学生掏腰包付学费，好几次一垫就是一万多元。很多人不知道，周小燕自己极为节俭，平时，连洗过脸的水都要积起来，用来冲洗马桶……

周小燕跟院长说："70 岁的时候，我请求学校让我教到 80 岁。现在我身体情况还行，如果我能活 100 岁，想尽力教到 100 岁，教到我教不动的那一天。答应我吧！"她那么诚恳，那么认真，让院长感动得说不出话来。

"我的歌剧事业才开始下半场！"周小燕一直不服老，她满怀期待地说，"尽管我已经 90 多岁了，但我的艺术生涯就像才刚刚踢完足球的上半场，我还要踢下半场！我还想踢进两个球：培养更多的老师和人才，真正原创一部国人喜爱、走向世界的歌剧。"

ZHONGGUO HAOJIAOSHI

# 中国好教师 霍懋征

HUOMAOZHENG

周恩来总理亲切称她为“国宝”，胡锦涛总书记盛赞她“把自己一生献给了教育事业”，温家宝总理为她亲笔题词“把爱献给教育的人”。她被誉为“中国教育的一面旗帜，人民教师的优秀楷模，全社会的一代师表”。

# 爱满天下的人生传奇

◎陈 静

生命，因为付出了爱而更为富足。

——泰戈尔

白菊胜雪，挽幛如云。2010年2月19日，北京八宝山哀思如潮……从各地赶来的人们，沉浸在泪水与思念的海洋中。黑压压的人群，有花季的孩子，有风尘仆仆的中青年，有白发苍苍、拄着拐杖的老人。还有时任国务院总理的温家宝。

照片中的老人，容颜清瘦，满头银丝，目光睿智。饱经风霜的脸上，镌刻着她执著追求的人生传奇。遗像前，用鲜花摆出的硕大的“爱”字昭示着后人对她的无限景仰。

没有爱就没有教育——她用一生践行着“爱的教育”，用“爱”诠释着教书育人的真谛。她在60年从教生涯中留下的“爱心”，已成为人们心中永不熄灭的一盏明灯。

春蚕到死丝方尽，蜡炬成灰泪始干——她以诲人不倦的实际行动，将教师的责任和使命发挥到了极致。

她，不仅是一个典范，更是一个传奇。

她是谁?

她，就是立足小学教坛60年，新中国最早的特级教师，当代著名教育家——霍懋征。

## 爱当“孩子王”

懋征语录：“我知道万丈高楼平地起，小学是打基础的，是启蒙教育，我觉得当小学老师最光荣。”

霍懋征，1921年9月出生于山东济南。母亲是济南一所中学的教师，温馨的家庭生活与母亲的言传身教，在她幼小的心灵中深埋下爱的种子。那份美好的师生情，常常令她心生向往。

1943年，霍懋征从北京师范大学毕业。学校希望她能留校任教，但22岁的她却作出了让很多人难以理解的人生选择：当小学教师。在那个“家有三斗粮，不当孩子王”的年代，一个大学本科毕业生选择小学教师工作，是件不可思议的事，甚至有人说她“傻”。

她的理由却很简单：因为喜欢孩子!

小学教师，是年轻的霍懋征心中最圣洁的职业。她喜欢妈妈的学生们簇拥在妈妈身边嬉笑打闹的场景，她有热爱孩子的天性。于是，她被分配到北师大二附小（现北京第二实验小学）任教。勤奋而充满求索的秉性，使她逐渐成长为一个教学艺术精湛的优秀数学教师。

1956年，霍懋征被评为全国首批特级教师，许多单位邀请她去工作。她毫不犹豫地谢绝了："我离不开我的学生们!"

命运，常常给人猝不及防的一击。

1962年的一天，霍老师正在上课时，学校通知她22岁的二女儿病危。她不忍心把一个班的孩子丢下，等下了课赶到医院时，女儿已经停止了呼吸。

"山雨欲来风满楼"，由于一场波及全国的运动，年仅13岁的儿子也不幸躺在她的怀抱中离世。

人生最大的不幸莫过于痛失挚爱的亲人，命运的浪潮几乎要把她推向崩溃的边缘。儿子与女儿的死，像一把锋利的刀，寸寸割裂着她的心。霍懋征悲痛之余，想到了这场轰轰烈烈的运动中，那些思想畸形、行为扭曲的学生们。这位数学系的高材生，此时暗暗作出一个决定："如果有朝一日还能重返讲台，我一定改教语文，语文教学重在育人。"

1978年4月，霍懋征结束了一年零九个月的"牛棚"生活，重新回到了教学第一线——北京实验二小。那一年，她已经年近六旬。当时，教育部领导打算任命霍懋征担任一所重点小学的校长。可是，她婉言推辞："我不能离开学生，我还想当老师，当一名语文老师。"

半个多世纪以来，她经历了共和国教育改革的全过程，在小学的课堂上为教育教学改革创造了新经验，作出了巨大贡献。后来，教育部要调她去工作，她没去；人民教育出版社请她当编辑，她没去；全国妇联、北京妇联等单位都邀请她任职，她也没去。

一次次"高升"机会的召唤，抵不过她"喜欢孩子"的情愫。"我这个人呀，就喜欢教书，教小学的孩子们。”她如是说。

宛如一棵挺立的翠竹，她深深地扎根在小学教育这片沃土上。坚持着自己的本心，坚守着最初的选择。

这一干就是60年！

繁霜尽是心头血，洒向千峰秋叶丹。60年来，她的生活中经历过失去亲人骨肉分离的痛苦，经历过蒙受冤屈遭人冷眼的打击，经历过严重疾病的折磨。但这都没有摧垮她的意志，没有改变她从事小学教育的选择，没有改变她对孩子的爱。这种爱还影响了她的子女。霍老师一家三代8人，都选择了“教师”职业，都取得了优异成绩。1991年，这个教育之家，还光荣地被评为“全国优秀教育世家”。三代教师，四世同堂。

## 44篇一类文之“迷”

懋征语录：“我的教育方法就是激励、赏识、参与、期待，以极大的爱心、耐心、细心、信心、责任心，把孩子教好。”

那一天，各大报刊争相报道一件事儿！

1981年，在北京市小升初毕业生统考中，有一个班46名学生中除了两篇二类文，其余44人的作文都是一类文。语文总平均分达到98.7分。

这可真是爆了大冷门儿！一个班全部学生的成绩如此优秀和整齐，是阅卷老师在评卷过程中从来没有遇到过的。疑惑的目光，赞许的目光，惊奇的目光，都被吸引住了。这真是奇了！而且所有的试卷干净整洁，字迹端正，没有一个错别字。这也令阅卷老师们咋舌不已。

这正是霍懋征所带的班。

兴趣是最好的老师。霍老师有一个拿手绝活——编谜语。

“同学们，每人身上有四件宝：上边毛，下边毛，中间一颗黑葡萄，是什么呀?”

“眼睛。”

“东一片，西一片，隔座山头不见面，是什么?”

“耳朵。”

“红门楼，白门坎，里边坐着个嘻嘻孩儿。”

“嘴巴。”

“小白孩住高楼，看不见，摸不着，他要一出来可不得了。”

“脑子。”

“同学们真聪明！一个耳朵竖起来，两只眼睛瞪起来，一个小嘴张起来，再加一颗心，组合起来就是‘聪’字。一次用不行，得要日日用、月月用，日月为明，人就‘聪明’了。”

那甜甜的语言，像潺潺的溪流，轻轻悄悄流淌进孩子们稚嫩的心田，激起一朵朵美丽的浪花。而那一个个美丽的汉字也深深地镌刻在每一个学生的脑海。

教学《七步诗》后，学生很感兴趣，自己学习作诗。霍老师带领孩子们亲近自然，组织了颐和园春游活动。她设计了找路标、捉特务活动，让孩子们以游戏的形式学习成语、谚语和诗歌。然后让他们在欣赏颐和园昆明湖美景后，自己作诗一首，每个小队都作了诗，其中二小队的学生是这样写的：

“今日来到此山中，绿树丛中点点红，

遥望昆明水如镜，无数轻舟水上行。”

这是小学三年级学生触景生情创作的诗歌。有了这样的兴趣，学习怎么会有负担呢?

语文教学需要改革。携着对事业的挚爱，半个多世纪以来，霍懋征在北京第二实验小学多次接受了教育改革的实验任务，并且交出了一份份闪光的答卷：

在课堂教学中，她坚持“精讲多练，合理组织课文，讲一篇带多篇，向课堂要质量”。

她提出了“数量要多，速度要快，质量要高，负担要轻”的十六字教改目标，备受瞩目。

她带领教研组的老师们创立并推广了语文讲读法和读讲法的教学模式，并形成了自己独特的教学风格。她的课堂总是闪烁着智慧的火花，灵动的光泽，被誉为“霍派教学法”。

她用精湛的教学艺术力证了“文道统一”的语文教学观，开拓出了一条具有霍式特色的教学之路，形成了自成一派的“爱”的教育教学体系，影响遍及海内外，为提高语文课堂效益趟出一条新路……

## 特别的“偏爱”

懋征语录：“爱学生是老师的天职，60 多年来我没丢下一个学生。每个孩子，我都认真去教。”

师德的最高境界是“爱满天下”。师爱，是一种纯粹无私，不计成本与回报的爱。它浸润在每一个平凡的日子里。

2004 年的春节后的一天，已退休的霍懋征老师接到一个电话：“娘啊，我的亲娘，我可找到您了，没有您就没有我的今天啊！”霍懋征特别诧异，以为是谁打错了电话。那人激动地说：“娘啊，我是永山啊！”第二天，何永山领着全家来给霍老师拜年了。

何永山当年是学校里有名的“害群之马”，学校决定送他去工读学校。霍懋征无意间听说这件事后，立刻找到校长，要求把何永山放在自己班里。校长回答：“不行，不能让这么调皮的孩子毁了你们先进集体的荣誉。”她对校长说：“把他交给我吧，相信我能把他教育好。”在霍懋征的再三恳请下，校长终于同意她把何永山领走了。

何永山个子高、长得壮、有力气。有一天，霍老师对他说：“咱们班卫生责任区的清扫小组由 5 个人组成，我和你，还有另外 3 个同学，请你当组长。”看着霍老师信任而期待的眼光，何永山一怔，随即特别高兴，每天都早早来校认真打扫。一天，何永山从家里扛来一把长把儿扫帚，对霍老师说：“老师，您以后就用这把扫吧！”原来，他看出霍老师腰有毛病，就特意准备了一把不用弯腰的扫帚。一个被认为不可救药的孩子也会关心别人了。

那年六一儿童节前夕，少先队员们都喜气洋洋地参加鼓号队的训练，何永山眼巴巴地在一旁看着。霍老师看出了他的心思，就和大队辅导员商量，让他背大鼓，参加队列训练。何永山喜出望外，一丝不苟，做得格外认真。儿童节那天，霍老师给他买了白衬衫、蓝短裤，他背着大鼓，挺着胸膛，迈着大步，好不威风！那一天，他第一次在同学们面前受到大队辅导员的表扬。

第二天，何永山来还衣服。霍老师微笑着对他说：“这衣服是老师给你买的，拿回家吧，只是你胸前还缺少一样东西呀！”没等霍老师说完，他就说：

“老师，我知道我还没有红领巾呢!”在爱心的感召下，何永山进步很快，不久就加入了少先队。倾注心血的爱让顽石也绽放出花朵。

在学生小超的记忆里，最难忘的是霍老师对他的“批评”。那一天，小超迟到了，他怯怯地站在教室门外面，不敢敲门。霍老师发现后，牵着他的小手让他进教室。亲切地询问他为什么迟到了。小超低着头，抹着眼泪，终于忍不住“哇”地大哭了起来。霍老师抚着他的头轻声安慰他，并在全班说：“小超今天迟到了，但是他很难过，他能认识到自己的错误这一点多么好啊！这一点值得我们全班同学学习!”在霍老师微笑与关爱的目光中，小超停止了抽泣，慢慢抬起了头。是啊，呵护每一个学生的心灵，要小心得像爱护清晨树叶上的颤颤欲坠的露珠。

这样的故事太多太多了，大爱无言，润物无声。有人说，师生之间心与心的交集之处便是爱的圣地。她爱教育、爱孩子。从教 60 多年，她给了许多孩子最细致的培养与最温柔的呵护，从没有对学生发过一次火，从没有惩罚过一个学生，从没有向一个学生家长告过状，从没有让一个孩子掉队……

爱是最美的教育，可以点石成金。爱的教育亦是心灵与心灵的回应，情感与情感的共鸣。

寸草当报三春晖。孩子们的爱，同样是真挚而热烈的。

自 1960 年毕业，每年农历正月初三的下午 3 点，都是班长王秀文和她的小学同班同学齐聚班主任霍懋征老师家的时刻。50 年来，年年如此，从未间断。

付出爱，得到爱，是霍懋征教育生涯的写照，也是对她当初人生选择的丰盈回报。

人间没有爱，太阳也会死去!

## “退”而不“休”

懋征语录：“现在，我虽然离开了教学一线，但我的心永远都不会离开学校，不会离开学生。我热爱着这个事业，并决心为之奋斗到最后一息。”

红烛燃烧着亮丽的生命，孜孜不倦中，奉献一生的忠诚。

1986年1月8日，寒风凛冽，天空中飘着鹅毛大雪。这一天是年近古稀的霍懋征应约给老君堂小学讲示范课的日子。老师们心想着她应该不会来了。可没想到，霍懋征披着一身雪花，准时出现在了门口，还没来得及喘气，便走进教室，开始给老师们上示范课。

她还多次为边远贫困学校筹集建校资金，常常骑着一辆自行车往返城乡，来回奔波。而她的身体却一天天消瘦，甚至病倒在讲学的路上。

拗不过家人，她去医院做了检查，医生告诉她，得了癌症，乳腺癌，必须休息。经过化疗，她的病症刚刚有点好转，她就迫不及待地出了院——她的心早已与学校、与教育融为一体了。

1994年秋天，73岁的霍懋征应邀到湖北讲学。临行前，她突然病倒了，上吐下泻。一检查，急性肠炎。医生要求她住院治疗，可她坚辞不就。女儿急切地阻止，她也不听。女婿急了：“妈妈，您太不爱惜自己的身体了，您知道华罗庚是怎么死的?”

“我知道，鞠躬尽瘁了呗，我若是能为教育事业贡献到最后一息，那也值得。”

就这样，霍懋征拖着虚弱的身子，带着药登上了火车。到达湖北的当天，一连 3 个小时的报告，她居然挺过来了。

1997 年，霍懋征去河南平顶山讲学，一下火车，便直奔会场。面对台下 1000 多名师生，她一连作了 4 个多小时报告，夜里又和前来请教的老师们畅谈交流到深夜。送走客人，她裹着毛毯又开始准备第二天两场讲座的材料。她的徒弟说，如果不是亲自跟着，无论如何也不相信，一个 76 岁，动过癌症手术的老人，能为教育这样豁出生命。

……

快 80 岁了，可霍懋征一点没有闲下来，她的讲学足迹遍布全国各地。直到 1998 年，她才离开了朝夕相处的讲台，此时，她已经“超期服役”22 年。

新世纪以来，她不顾自己 80 多岁高龄，以实际行动响应国家西部大开发战略。克服重重困难，自费组团赴宁夏、重庆等地讲学，推动西部贫困地区教育事业发展。

2006 年，已经 85 岁高龄的她，不仅去了安徽培训青年教师，还去东北师大二附小作师德报告。

夕阳无限好，只是近黄昏——霍懋征从来没有这样的感慨。是的，她愿意每时每刻感受教育的气息，愿意了解教育的一点一滴……

无法统计有多少教育征程的跋涉者因她的指点帮助而豁然开朗，亦无法统计有多少困惑焦虑者汲取她精神的养料获得了前行的动力……

88 年，32120 多个日日夜夜，她与爱心同行，与教育相伴！

哦，红烛！那闪闪跳动的火苗，无声无息，从不吝惜消耗自己的生命，直到淌尽最后一滴眼泪消逝在黑暗中……

一个平凡的人，用一生书写着一部爱的传奇；

一个平凡的人，其一生就是一篇生动壮美的教育史诗；

霍老师离我们而去了。但，她用心血浇灌的爱之花，正以星火燎原之势，盛开在广袤大地……

红烛不灭，爱满天下！

ZHONGGUO
HAOJIAOSHI

# 中国好教师 钟期荣

ZHONGQIRONG

她是一位中国人，看见过祖国硝烟弥漫的战场，也体验过异国他乡舒适安逸的生活，却毅然在学成之际，举家归国，以赤子之心报效祖国；她是一位校长，经历过半生荣辱，也品尝过世事艰辛，却决然在顶峰之时，散尽家财，毁家兴学回报社会；她是一位母亲，抚养过一双麟子，也知道身为母亲的艰难，却坚决在半百之时，幼人之幼，弃法从教反哺他人。

# 爱国·爱教·爱生

◎董 雯

1972年是钟期荣女士人生的一道分水岭，前半生的她投身法海，铁齿铜牙，铮铮傲骨，不让须眉，后半生的她却专注教育，呕心沥血，散尽家财，无怨无悔。她是一位中国人，看见过祖国硝烟弥漫的战场，也体验过异国他乡舒适安逸的生活，却毅然在学成之际，举家归国，以赤子之心报效祖国；她是一位校长，经历过半生荣辱，也品尝过世事艰辛，却决然在顶峰之时，散尽家财，毁家兴学回报社会；她是一位母亲，抚养过一双麟子，也知道身为母亲的艰难，却坚决在半百之时，幼人之幼，弃法从教反哺他人。“狮子山下的愚公，湘江边上的夫子。贤者伉俪，本可锦衣玉食，却偏偏散尽家产，一生奔波。为了学生，甘为骆驼。与人有益，牛马也做。我们相信教育能改变社会，而他们为教育作出楷模。”这是钟期荣，胡鸿烈夫妇二人当选“2007感动中国年度人物”时，《感动中国》组委会授予二位的颁奖词。

## 爱国报国，不论巾帼与须眉

### (一) 钟生岐嶷才，含咀自年幼

在中国20世纪的二三十年代，女子裹足、深锁闺中是司空见惯之事，而钟期荣因出生在一个开明世家，才得以逃脱这种种枷锁，背起行囊，四处求学。在湖南宁乡的蜕园中，经常有一个清瘦、弱小的身影穿梭其中，或是执书诵读，或是掩卷沉思，或是奋笔疾书，或是挑灯夜战。中学时期的钟期荣给人的印象就是少年老成，文静持重，常常因妙笔生花，辩才出众令老师和同学们刮目相看。在那个时候，她就确定了自己报效祖国的志向，将来要做一名记者，或者是一名律师，或者是一名医生，因为这三种职业都是"凭本事吃饭，凭硬气做人，凭公道处事"。①

### （二）宏愿心中留，归根不相忘

中学毕业后的钟期荣顺利考入了武汉大学法律系，成为该系建系以来招收的第一个女生。但是，此时中国的抗日战争已经打响，武汉大学也被迫迁往祖国腹地——四川乐山，以躲避战火摧残。苟利国家生死以，岂因祸福避趋之，身处战乱之际的钟期荣已经忘记了自己的性别。褪去女儿家的娇羞与浪漫，她就像所有的热血男儿一样，忧伤国事，心系百姓。或口诛笔伐侵略者们的兽行，或号呼奔走唤醒群众的热情，或著书立说抒发心中愤懑，或痛心疾首贫苦百姓的遭遇。在这样一个战火纷飞，国破家亡的时候，她不只是埋首苦学，也经常拿起笔来将心中的沉郁顿挫书写下来。《血泪残痕》这部控诉日本侵略者残忍行径，哀叹百姓悲惨生活的抗战小说就是她在大学期间完成的。"疯狂的野兽，漠然无视一切正义与人道，凶狠地向我节节进逼，到处伸出了他们的残酷的魔爪；它们是怎样凶残地屠死我们的同胞，它们是怎样暴虐地摧毁我们的建筑，它们甚至是如何可怕地吮吸我们的鲜血：惨无人道的暴行，在全中国刻下了无数血的烙痕，凡是有人性的人，看无不目不忍视，耳不忍闻，而铭心刻骨咒恨。"寥寥数语，字字泣血，句句哀啼，足以让读者看到她胸中翻涌的恨与怒，国破家亡之恨，山河破碎之怒，这让原本就年少老成的她，更加坚定了自己报效祖国，振兴中华的理想。②

①② 白岚玲：《钟期荣——香港树仁大学校长》，中国传媒大学出版社2014年版，第15～26页。

新中国成立后，钟期荣跟随丈夫举家赴欧，留学深造。时光飞逝，转眼间5年过去了，钟期荣也已经获得了巴黎大学法学博士学位。在这5年期间，或独自沉醉于法国文学的浪漫，或举家漫步于纵横交错的街道，或细细品味安逸闲适的居家生活，或默默流连在大小各异的图书馆。然而，异国他乡充满诱惑的日子并没有让她忘记当年心中的志向：这里不是家，不是归宿，地球的另一端，那个有金鸡版图的地方才是自己的家。1955年，这对才子佳人举家归国，留在了祖国的南疆——香港。

## 爱教从教，不论青丝与华发

### （一）归国终成行，反哺从教育

归国后的第二年，钟期荣女士就受邀执教于香港联合书院，从此开始了她的教育生涯。或许是留学期间学识的积淀，或许是历经沧桑人生的阅历，或许是妙趣横生的语言，钟期荣在联合书院任教期间，她在法律和文学方面的造诣赢得了全校师生的赞许，每逢她的课堂总是人头攒动，人气爆棚。一个好的教师就应该这样，凭借着丰富的学识和深邃的思想让学生敬佩、叹服，乐于学习。就这样，她的名声开始不胫而走，很快传遍了香港教育界。其后，她又先后受邀任教于浸会书院、崇基书院、珠海书院等几个当时在香港比较出名的学校。自1955年归国至1971年树仁书院建校之前，钟期荣一直在多所高校工作，既负责过教学工作，也指导过学生的实习，更担任过院长，多年以来她亲眼见证了这几所学校的成长，也深深体会到了教育之艰辛，更时常为当时香港弊病百出的社会现状感到担忧。

在20世纪五六十年代，香港青少年犯罪问题极为严重，当时的港英政府却主张采取杀一儆百这种隔靴搔痒的办法，身为一名教育者的钟期荣愤怒了。不论是出于一个学者的良心，还是出于一位母亲的痛心，或是出于一位教育者的责任心，她都万万不能忍受这种做法。于是，她参与演讲、开辟专栏、发表文章、四处奔走，终于，《是否应严惩阿飞?》一文在香港社会引起了极大反响。趁热打铁，钟期荣女士又与其丈夫合著了一部法律专著《香港的少年犯罪问题》，此书一出，立即在香港社会掀起了一场讨论的热潮，有人赞扬钟期荣女士的仁者之心，当然也有人说她包庇罪犯。赞扬也好，批判也罢，钟期荣女士依然坚持自己的想法，身为一个教育者、一位母亲，她不能看着孩子们成为港英政府无能统治的牺牲品。可是，有第一个阿飞，就会有第二个、第三个这样的“阿飞”，她究竟该如何做才能拯救这些孩子们?

### （二）忧心天下事，半百从头起

经过调查，钟期荣女士认为造成香港问题少年日益增多的一个重要原因就是教育的缺乏。作家雨果说过，“多建一所学校，就少建一座监狱。”我国第一部教育专著《学记》也曾云：“君子欲化民成俗，其必由学乎”“建国君民，教学为先”。于是，钟期荣决定自己开办一所学校，逐渐改变香港当时的教育现状。然而理想总是美好的，现实也总是残酷的。此时的钟期荣已经年过半百，并且家境殷实，母慈子孝，她本可以像一般人那样一直幸福下去，过着悠闲舒适的日子。可是，她不是一般人！法律给了她一双慧眼，让她眼中再也容不得丝毫的不公；文学给了她一颗柔软的心，让她心中再也装不下丁点儿的苦难；教育给了她一个高贵的灵魂，在她的人生当中注定要扶危济困、救苦救难。没有校址，她就让出了自己的住所；没有资金，她就散尽家产；没有人才，她就多方求取。终于，皇天不负苦心人，1971 年 7 月，在香港跑马地成和道 81 号，树仁书院正式与世人见面了。当人提及为何用“树仁”二字作为校名时，钟期荣这样说道：“我俩深受中国文化熏陶，为典型的中国书生，一腔热血，报国无由；慕古思贤，忧时忧国，咸信兴绝学于当今，重振人文，乃大丈夫应有之壮志，故此不避万难，要以愚公移山的精神，负起海内外复兴中华文化之重任，来推行仁者教育，己立立人，己达达人，培养仁人君子，故创立树仁。”[3]这个只拥有一座三层小洋楼校址的学校究竟能

③ 白岚玲：《钟期荣——香港树仁大学校长》，中国传媒大学出版社 2014 年版，第 86 页。

在香港教育界掀起多大的风浪？这个只有300多人的学校是否能改变香港教育界令人沮丧的现状？所有的香港人都对这个有着浓郁中国传统文化的学校抱着一丝担忧、一丝期盼、一丝祝福。

### （三）现世有愚公，荒山造奇迹

随着师生人数的与日俱增，原本的三层小洋楼已经远远不能满足需要了，于是钟期荣决定向政府申请建校用地。与众人料想的困难重重相反，申请过程居然出乎意料的顺利，1977年专用地最终确定位于香港宝马山。今时今日的宝马山已然是富人聚集的地方，车水马龙，人声鼎沸，可是50年以前它还是荒无人烟，怪石嶙峋，连港英政府都断言在这样的山坡上最多只能建两三层的楼房。然而，就是这样的地方钟期荣也没有放弃。在一片质疑声中，她迎难而上，紧锣密鼓地筹划着。联系工程承办者、勘察测量、筹集资金，每一件事都在她的计划中有条不紊地进行着，瘦小的身影不知疲倦地往返于学校和工地。后来回忆起当时的情景，钟期荣的丈夫胡鸿烈大律师说："我们陷入创办树仁以来最艰难的日子！实在不能忘记这段日子！"④我相信，这句话也是钟期荣女士的心声。当时技术问题可以交给工程人员来解决，但是资金问题却只能依靠夫妇二人来解决。建校时，钟期荣已经将多年积蓄拿了出来，短短6年一晃而逝，任凭她日进斗金也难以一下子拿出一栋大楼的钱。无奈之下，她只能倾其所有，卖掉跑马地的旧校舍，拿出所有积蓄与资产，抵押自己的私宅向银行贷款，这样的举动意味着她只能成功，不能失败，否则等待她的将是覆水难收，倾家荡产，债台高筑。在奇迹面前我们不得不赞叹人类的伟大，前后历时近7年，一座现代化大厦终于在宝马山上拔地而起，176根巨大的水泥柱稳稳托起了树仁学院的明天，也向世人昭示着现代版愚公移山的精神。多少个白日的奔走操劳，多少个夜晚的辗转反侧，多少个不明所以的质疑，多少个自负聪明的嘲笑，在那一刻都显得那么轻如鸿毛，无足轻重。我想，看到大厦巍然屹立于天地之间的那一刻，钟期荣女士应该是笑着的吧！

---

④ 白岚玲：《钟期荣——香港树仁大学校长》，中国传媒大学出版社2014年版，第137页。

## 爱生育生，不论咫尺与天涯

### （一）傲骨立世间，铮然抗权威

梦想的道路总是坎坷不平，荆棘遍布的。1978 年，港英政府要求香港浸会学院、树仁学院、岭南学院这三所学校进行改制，将现有的四年制改为“二二一”学制，并表示对同意改制的学校进行财政支持。消息一经传出，舆论哗然。众所周知，四年制大学是与中国内地学制接轨的，而“二二一”学制却是适合英国学制的。这对于树仁学院也是一个极大的考验，接受改制虽然能解决当前资金拮据的困境，但是学生的未来必然会受到影响。在钟期荣的心中没有什么比学生的前途更为重要。钱没有了还可以挣，可是学生的前途只有一次，她不能拿学生的未来去冒险。最终，她顶着压力拒绝了政府的要求。可是，一波未平一波又起，1988 年，港英政府再次倒行逆施要求所有香港大专学校改四年制为三年制。与上一次改制风波相比，港英政府的此次行为更是醉翁之意不在酒。1985 年《中英联合声明》正式生效，香港回归祖国只是时间早晚的问题，港英政府此时提出改制，主要是阻碍香港回归，企图实现人归心不归。于是，她再一次坚决地拒绝了政府的要求。如果说钟期荣第一次拒绝改制是出于对学生前途的考量，那么这一次拒绝改制则出于爱国报国的情怀。

### （二）教者父母心，至死终不渝

所有人都说医者父母心，教者又何尝不是父母心呢？你来，不论云雨雾雪，她都在门口迎着你；你走，不论春夏秋冬，她都在门口看着你离开。300 多个学生，她能一一叫出每个人的名字。你生活拮据、饥肠辘辘，她慷慨解囊，解你燃眉之急；你学习吃力、一筹莫展，她求取贤良，为你指点迷津；你荒废学业、浪费光阴，她疾言厉色，让你迷途知返；你工作难寻、屡屡受挫，她多方打听，让你如愿以偿。这就是钟期荣，这就是同学们时时挂在嘴边的

“契妈”，无论是在学习上还是在生活上，都给了每一位学生巨大的温暖和希望。树仁书院的毕业生蒙妮卡回忆到当年钟期荣校长对学生高度负责的态度时，不禁感慨万千。在她的记忆中，有一位黄博士，徒有虚名，所以他的到课率特别低，钟期荣了解情况后，不仅没有责怪学生，反而辞退了老师。这只是众多小事之中的一件，却能够窥探出钟期荣对学生高度负责的态度。[⑤]钟期荣两次拒绝改制，港英政府就对树仁书院多方刁难，包括对毕业生找工作的限制。为了让学生们获得更好的出路，一方面她主动与国外一流大学进行合作，带领树仁走上国际化道路。另一方面，加强学生理论联系实际的能力，严格把关学生的社会实践学习。再者是与内地优秀大学合作，增强学生与祖国大陆的亲近感，为内地输送多样化的人才。从高屋建瓴的办学理念与方向，到具体的教育实践环节，她都用完美的行动来诠释什么才是真正的教育者。

### （三）半生苦求索，终能得善果

2014年3月2日，社会各界惊闻噩耗，香港树仁大学校长钟期荣女士与世长辞，享年94岁。虽然早在2001年9月钟校长已然中风，昔日矫健的步伐也被轮椅所代替，但是这十几年来她依然活跃在校园的每个地方。花坛边，走廊里，图书馆顶楼的窗户边，时常可见她那弱小的身影陷在略显空旷的轮椅中，任由看护慢慢地推着，静静地看着学生们上下学，景色美得像一幅画，所有人都觉得这幅画的主人公永远不会离开。噩耗突至，所有人都难以接受，直到各大新闻网站相继报道这一事实，人们才不得不接受，这个近百岁的老人已经永远离开了我们。抚今追昔，回首她这一生，可以称得上是“仰无愧于天，俯不怍于地”。瘦小的身躯内，跳动的是一颗火热的报国心；纤瘦的肩膀上，挑起的是振兴民族文化的重担；三寸金莲下，走着的是爱国爱民的人间正道。少年时期，本该是儿女情长的豆蔻年华，她却用来辛苦求学，立志报国。青年时期，本该是相夫教子的快意人生，她却用来充实自己，四海为家。中年时期，

⑤ 白岚玲：《钟期荣——香港树仁大学校长》，中国传媒大学出版社2014年版，第99页。

本该是诸事顺心地享受生活，她却用来弃法从教，毁家兴学。晚年时期，本该是母慈子孝地安享晚年，她却用来散尽家财，哺育桃李。

令人欣慰的是，钟期荣女士这一生辛苦求索终得善果。建校半个世纪以来，树仁已经从当初的树仁书院成长为今时今日的树仁大学，成千上万的优秀学子济济一堂，功成名就的杰出校友遍布海内外，现代化的高楼大厦巍然挺立，高科技的技术设施应有尽有。如果有一个时光机能带领我们回到过去，看看昔日位于成和道上的三层小洋楼内的树仁书院，我们绝对不会相信，仅凭钟期荣夫妇二人之力，竟然会在日后创造出这样的一个奇迹，我们只能像当初树仁大厦建成时那样，再一次感叹人类的伟大。

伊人已去，千古留名，钟期荣女士这一生值得人们永远铭记。多年以后，当人们再次回想起她时，会记得她曾经这样说过："我为什么会如此执著、顽强地坚持自己的信念，一心一意要将树仁办好？很简单，只因我深受中华文化熏陶，有强烈的民族意识。幼时读历史，对帝国主义的侵略常感到愤怒填膺。而在港 40 多年来的孤军奋斗，使我更深觉教育的重要，教育系国家之安危，民族之兴衰，社会之兴亡。天下有一些基本的东西比生命更重要，是不可以用钱来买卖的。此无他，就是一个中国读书人的气节，一个人活在世上就为了要争一口气，一个士大夫宁可死而不可辱的骨气！就为了要保全中国人的骨气，我义无反顾地必须坚持，不能妥协，更不能投降。"

以时间为轴，观其一生，钟期荣女士半世颠簸练就了一副侠骨柔肠，终生辛劳哺育了满园桃李花开，几经磨难成就了当初宏图大志。面对如此的奉献与付出，满心的敬仰与尊敬唯有化作诗句表达：

女子求学，首开风气，负笈远游，红颜未必输男儿。

湘江河畔，乐山之巅，胸怀大志，风云际会拔头筹。

大洋彼岸，异国风情，客在他乡，唯盼一朝叶归根。

半生漂泊，两鬓风尘，才德兼备，只叹青丝变华发。

弃法从教，毁家兴学，覆水难收，三尺讲台定终生。

现世愚公，择善固执，攻难克险，人定胜天创奇迹。

父母之心，宽严相济，呕心沥血，哺育桃李遍九州。

不喜名利，只讲奉献，爱国爱教，赢得生前身后名。

# 无私奉献

第二部分

WUSIFENGXIAN

ZHONGGUO HAOJIAOSHI

# 中国好教师 孟二冬

MENGERDONG

子曰：“志于道，据于德，依于仁，游于艺。”孔夫子寥寥数语，仿佛诉尽了一个老师所应具有的一切，而这一句话又恰恰是为孟二冬量身定做。

# 师之大者当如是

◎毛丽阁

孟二冬，一个让人感动的名字。

他是一位学者，寒来暑往，青灯黄卷，萧疏鬓斑，兀兀穷年。在燕园，他潜心治学，历时7年，经过艰苦的研究，一部100多万字的《〈登科记考〉补正》赫然而出，是文学界与史学界不可多得的力作。

他是一位行者，一腔赤诚，主动请命，远赴新疆支援我国高等教育事业的发展，将一颗赤子之心永远留在了那片热土上。

他更是一位恪尽职守的师者，爱生如子，将中国传统文化核心价值观的精华丝丝缕缕传入学生心田。即使身患癌症，依然上完最后一节课，最终倒在讲台上。

斯人已逝，风范长存。在其49年的短暂生命历程中，他永恒的生命之光，像强劲的阳光，饱含希望与信念，照亮学子求知的道路，温暖大地的每一个角落……

## 治学之境

教师一直是他的理想，而他也一直在不断为之奋斗着，宿州专科学校（现宿州学院）正是他梦想起航的第一站。1978 年春暖花开之际，沉寂了多年的高考复苏了，它为年轻学子送上了一汪清泉，一道明媚的阳光打破了灰蒙蒙的社会氛围，在这样的时代浪潮下，他的梦想开始在这里生根。

自目标确立之日，他的成熟、他的努力、他的进步，都像潺潺的流水一样不断积聚，因为终有一天可以广纳百川。他，以自己的行动，一步一脚印地践行着，踏踏实实地向着目标前行着。

志当存高远。1980 年 9 月，他前往安徽师范大学中文系进修。作为一名年轻教师，他珍惜一切学习的机会。在这里，每天如饥似渴地品味着书籍给予他的巨大满足，以及不同教师的授课风格，在聆听中集百家之所长，从而不断积聚经验，提高自身的教学能力。

书山有路勤为径，学海无涯苦作舟。在安徽师大的两年深造中，他并未满足，求学之路也并未停歇，而是奋进不止，一直跋涉于漫漫求学之中。甘为人梯，三进北大，日益精进学业是对他负笈北上的完美概括。

对于他的人生经历，我想可以这样形容，师道之路承于宿州师专，过渡于安徽师大，丰富于烟大，而升华于北大。的确，留校于北大任教的他，完全承继了北大深厚的文化沃土，在百年历史的熏陶下，他的人生伴随着白色的粉笔展开。

他每次的授课都力求每位学生徜徉于知识的海洋，粉笔下吱吱的声音，他用工整娟秀的繁体字，认真地传递着中华文化的博大精深，中华文明的深厚与神秘。对于书籍的字字珠玑，对于内容的旁征博引，以无以复制的讲课风格为学生开辟了中文学习的无穷魅力，在一次又一次的魅力折服下，学生对老师的欣赏是不言而喻的，而他则是淡然处之，因为他觉得一名教师的职责不就如是，学生可以有所获，而自己便是授业解惑。

不积跬步，无以至千里；不积细流，无以至江海。知识如浩瀚星辰，我们要了解的还很多，所以说任重而道远。在治学上，身教重于言教，他，以自己的 7 年艰辛，向大家述说了，“治学之境，要甘于寂寞，要有板凳一坐十年冷，文章不著一字空的心理准备。”

境界是一种精神领域，王国维曾说读书有三境界，而在孟二冬身上，“衣带渐宽终不悔，为伊消得人憔悴”的境界无疑是对他治学的精确概括。

现在在市场喧嚣、著书立名的诱惑下，纯粹、认真搞学术的不多，而在这样的阴影笼罩下，他毅然投身于自己想做的事情当中，没有任何的犹豫。这样一个纯粹的人为燕园折射出了一道阳光，一道让内心中充满春的渴望的阳光。

他的夫人耿琴回忆道：“这么多年，老孟从没有拿过一份额外的报酬，而是把所有心力都用在了学术研究上。”

淡泊名利，甘于贫穷，恪守着一位人民教师的本分，他一直坚持这样的原则，直至生命的最后一刻。

《登科记考》是清代学者徐松所著的关于古代科举方面的名作。1994 年孟二冬在开始进行阅读时，秉承着尽信书不如无书的想法，查阅大量相关资料，进行仔细对比与分析，发现书中存在大量的谬误与考证不实的问题。在经过认真考虑，仔细推敲后，他决定从以下五方面入手：第一，凡徐松所缺考生收者，皆予以新的考证和补充；第二，凡徐松所考有误而需要重新调整和删并者，皆予以辨证而加以移正或删并；第三，凡徐松所考有误而需要删除者，则予以删除，同时论证删除的原因；第四，凡比徐松早引更加的或更确切的可靠的材料，皆予以补充，以丰富和加强读书的材料价值；第五，对于《登科记考》第28卷至30卷的《别录》部分，除补充个别重要篇章外，重要的是对原文做些校正或辨误的工作。[①] 从那天起，他开始了漫长而艰辛的补正之路。

在北大任教期间，孟二冬一家都挤在简陋的筒子楼里，而这一晃就是十几年。在此期间，孟二冬一家经受了酷暑严寒的折磨，也经历了拥挤住所带来的诸多不便，但是他们毫无怨言，而家人的理解与支持，同样也是《补正》三册完成的重要因素。

四季变换的燕园，昼夜更替的周期旋转，无论酷暑的大汗淋漓，还是秋风的瑟瑟凄凉，抑或是冬季的刺骨寒冷，都阻挡不了孟二冬前往图书馆的脚步，而筒子楼的好处就在于它距离图书馆的长度可以压缩他在路上浪费的时间，所以无疑，筒子楼是他的最佳住处。推开图书馆的大门，你总能清晰地看到熟悉的背影，那停驻在古籍书旁宛若雕塑般沉思的师者，那伏案于桌面的认真审视书籍的专注神情，虽眼下布有淡淡的阴影，虽眼角爬上了细细的皱纹，虽时而会有一些接连的哈欠，但是依然难以抗拒那求知迸发的熊熊激情，他就是这样的求知而忘我，奋笔而忘时。因而，北大的第一读者非他莫属。面对如此鸿篇巨制而又复杂的古籍，他没有一丝的畏缩，更没有因挑战古人的智慧而感到天方夜谭，更没有觉得自己是在信口开河，他用一年，一年，又一年的时间与精力，尽管每夜在拥挤的住所，在昏黄的灯光下，在一摞又一摞的书籍埋藏下，他牺牲了自己仅有的睡眠时间，仅有的休息时间，潜心学术，用自己的7年时光，翻越了古籍中那复杂而又晦涩的考证大山，用自己的智慧揭开了古籍中的真相，那7年，或许可以说是掩埋了自己所应该拥有的悠闲自在，但是在学术的贡献上，他为人们了解古代文化奉上了一道珍馐，同时也为学术开辟了新的研究方向。对于吃力不讨好的工作，他用实践证明了有所为，方可为，而且成

① 孟二冬：《孟二冬文存（上）》，高等教育出版社2007年版，第365页。

功也恰恰属于那些敢为人先的人，在学术这条路上，他甘之若饴。

7年的夜以继日，7年的酷暑难耐，7年的三点一线，孟二冬用一种敢于做真学问的治学态度，完成了100多万字的补正三册。

在书籍完成的同时孟二冬得到了3万元的稿费。金钱是永远无法来衡量一部书的价值的，同时也无法丈量其中的酸、甜、苦、辣，它只是一个劳动的结算。但对于这3万元稿费的处置，不免让所有人为之动容，孟二冬将其全部换成了书籍，并转送给了老师和学生。或许有人会觉得他很傻，7年的成果全部以书的形式发放，自己得到了什么？有什么大的效益吗？做学问不是经商，在孟教授眼里，广播知识、诲人不倦，才是作为一名教师应该做的。

有人说做学问是寂寞的，烦躁的，而且又赚不了什么钱，再者如果全身心投入或许还会搭上自己健康的身体，我为什么要牺牲这么多呢？世界上没有两片相同的叶子，所以仁者见仁、智者见智，对于学问只有为心出发的人才能体会其中的乐趣。而孟二冬就是其中的一员。在这条寂寞的道路上，他创造了寂寞黑暗下的辉煌成就，所以一种态度决定一种人生。

## 行者无疆，大爱无言

“大漠孤烟直，长河落日圆。”提起这样的诗句会有一种大气磅礴，气壮山河的感觉，但同样也散发出浓浓的孤寂与悲凉。塞外——广袤无边的戈壁、荒漠，积雪皑皑的巍巍天山以及干涸贫瘠的“人才之地”，如果说追寻曾经的丝绸之路，那么它无疑是神秘的，但对于支教的同志来说，这是对生活的考验，更是对精神的无情打击，所以心甘情愿远赴新疆的人是值得大家尊敬的，而孟二冬正是这支分队的一员。

自2001年6月，《教育部关于实施“对口支援西部地区高等院校计划”

的通知》下发后，9月7日，北京大学常务副校长迟惠生和石河子大学校长向本春签署《北京大学对口支援石河子大学暨全方位合作协议书》，正式将两所大学紧紧联系在了一起。虽仅有薄薄的两页协议，但却牵动着西部地区高等教育发展的跨越式沟通与交流。而对口支教的政策也为西部教育注入了新鲜的血液与力量。

他没有一丝迟疑，自告奋勇地踏上了新疆支教之路。

北大教授方新贵回忆说："在新疆的支教任务很重，首先要带课，培养青年教师，还要开一定的学术讲座和科研项目，在新疆所有的时间都排得很满。"[②] 支教本身就是一件辛苦的工作，还是一种挑战，但一想到可以在这里播撒知识的种子，孟二冬的心里是暖的，同时也是期待的。

他说："支教的时间有限，我要把分分秒秒利用好，尽可能多地给孩子们传授知识。"[③] 他从没有因为自己北大教授的身份而束缚，更没有因为恶劣的环境而抱怨，仿佛只要给他一个讲台，他就可以尽情地释放自己的力量，在这里教学不仅是自己的天职，而且还是一种爱心的释放。他用自己渊博的知识，高亢的嗓音，认真践行着"师者，所以传道授业解惑也"的最本真的工作。

全国不是所有地方都拥有良好的教育，作为一名人民教师应有这样的信念：我是人民的公仆、祖国的儿女，所以当祖国需要时，我心甘情愿接受或者自愿地去填补那片缺失。孟二冬作为一名知识分子，作为一名共产党员，他用自己的行动证明了作为一名教师的天职与巨大的责任感。

在支教的第二周，孟二冬的嗓音出现了问题——沙哑，一开始他自己并未在意，仍是专心为学生上课。这只是水土不服外加空气的干燥引起的，就这样

② 中国新闻网："身患癌症仍上完最后一课 北大教授倒在支教讲台"，2006年1月25日。
③ 舒意："抉择"，载《成才与就业》2012年第8期。

的毫不在意与漫不经心，才为后来的疾病噩耗埋下了隐患。那声声不断的咳嗽，以及吞咽的困难，每天都折磨着他，但是他毅然坚守在三尺讲台。医生噤声要求他置若罔闻，因为他放不下书籍，更放不下孩子们，他不愿当逃兵，不愿半途而废。

转眼，到了在这片土地的最后一课。人常用声嘶力竭形容在绝望的境地寻求微弱的希望，但是这个词用在孟二冬身上，却让每个人感动。那天，如往常一样，教室早早就被人流占据，但是空气中散发的却是丝丝的不舍与感动。迈着沉重的步伐，他缓缓走上了讲台，一如既往的微笑，但却多了些许的疲惫与憔悴，在万分无奈下，他取出了扩音器，这是一度被他抛弃的，但是这一刻如果不是声音严重受损的话，他是不会拿出这个辅助工具的，这时，耳边仿佛响起初见面时孟二冬那浑厚而洪亮的音调，但就短短的几月时间，他却被病痛夺去了传递知识的最直接的媒介——声音，大家的心在这一刻是痛的，眼角湿润了。上课期间，接连不断的咳嗽，尽管孟二冬一直在强忍，但那胀满通红的脸颊，额头的层层汗水出卖了他一直尽力掩盖的疼痛，眼睛饱含着泪水，多次被要求终止上课的声音不绝于耳，但是孟二冬用孱弱的声音告诉大家，他没事儿，就这样，那短短的两小时，仿佛稍有不慎，老师就会消失在大家的视野。终于下课的钟声响起，孟二冬在两位同事的搀扶下，微笑着挥手与学生再见，而教室里大家的双眼早已决堤，而心里的担忧更是无以复加，“老师，保重！”或许这是每位石河子大学师生的心声。堂下的师生用热烈的掌声欢送这位可敬的教师，以沉重的心情目送他远走的背影。两个月的支教是短暂的，但是孟二冬留在这里的除了知识，还有无形的信念，它像一盏明灯照亮了整个天山，使天山在这一刻熠熠生辉。

人的生命只有一次，有些人选择经历华丽蜕变后的那一刹惊艳，有些人选择复制每天的日子，碌碌无为，也有人选择燃尽红烛，点亮整个世界，而孟二冬选择了后者。他是一位平凡的教育工作者，在健康的身体状况下，他奋斗不止，而在嗓音的剧烈撕扯下，病痛的无情咆哮与肆虐下，他依然坚守自己的工作，广播知识的种子，心系每一位学生，超负荷地在教学中挑灯夜战。声嘶力竭是他在天山留下的精神，他用自己平凡的事迹，铸造了非凡的英雄本色。

## 病榻床头，仍心系学生

支教后，孟二冬被送进了医院，经检查，一个如乒乓球一般的恶性肿瘤压迫着他的气管，是剥夺他声音的元凶，同时还压迫着他的食管，令他吞咽困难，哪怕是唾液，但就是如此痛苦，他依然为学生奉上了最后一堂难忘的课程。

5 月 2 日，他被送回北京，接受了长达近 20 小时的手术。

手术后，他身上的伤口长达 40 多厘米，麻药过后，疼痛撕裂了伤口，每一寸皮肤都在叫嚣着，汗水也浸湿了床单、枕头和被子，但他却一声未吭。或许疼痛会暂时麻痹人的神经，但是孟二冬所承受的远远不止疾病所带来的那种蚀骨之痛，应该还有无法给学生上课的那种沉重的遗憾。

2006 年 1 月 12 日，北京迎来了入冬的第一场雪，为这座城市带来了些许的童话梦境，而漫天飞舞的雪花仿佛在用自己的翩翩舞姿，诉说着、祈祷着、祝福着这样一位勇敢的好老师。

住院期间他多次“违背医嘱”，在医生眼里他既是最配合的，同时也是最难搞的病人，因为他从不给大夫和护士找麻烦，但是就是太能忍痛了，往往让人无法窥探病情，另外对学生的万分关心，导致他自己往往忽略应有的休息时间，每次都要和前来探望的学生谈心、研读论文。

据他的学生 05 级研究生蔡丹君回忆，9 月 10 日这天来医院探望孟二冬，当时她作为刚入学的新生，并不知道老师的病情。医院里的初次见面，老师的第一句话令人难忘，竟是："真对不住你们，你们一开学我就病倒了。"一句话可以感受到他的真诚，同时更能感觉到他对学校的热爱以及对工作的迫不及待。在近一个多小时的交谈中，孟二冬一边输液，一边聊天，那手上密密麻麻的针眼，让我们看到了他被病痛折磨的时间，同时也认识到他病情的严重，但是面对学生他依然谈笑风生，从学习方法到理想，给蔡丹君上了她终生难忘的第一节研究生课。最后，蔡丹君才知道老师是第二天就要做开颅手术的人。那一刻，她眼眶是湿润的，心里是痛的，天妒英才！

这一年，孟二冬先后进行了开胸、开颈、开颅三次大手术，接受了不同部位的化疗。这是病榻上最难熬的一年，但就是这一年，他仍不忘对新疆石河子学生的承诺，自掏腰包购买文学书籍，并让自己的学生送往新疆，另外他还让妻子将一些古籍刻成光盘寄往新疆，从而更加丰富他们的视野。

2006 年 1 月 12 日，他在病房迎来了 49 岁的生日，寒冬出生的他有着坚忍的品质与不朽的品格，永远挂着微笑，永远以饱满的姿态迎接每一个春天的到来。

虽身染沉疴，几度与病魔擦肩而过，但凭借自己顽强的毅力，孟二冬一次次地对死神挥手再见。他用微笑迎接每一天，用微笑缓解每一处疼痛，用微笑感染周边的每一个人。有时你仿佛会觉得他根本就没有生病，这只是个玩笑。但现实总是残酷的。

时隔 3 个月，4 月 22 日，孟二冬终因病医治无效逝世于北京，享年 49 岁。年轻的师者，告别了这个世界，从此他终于可以在天堂把酒言欢，畅谈古文中的精髓与智慧。

教师的职业注定了默默无闻，它不似惊涛骇浪，也没有雷雨交加，更没有烟花般绚烂多姿，但就是这样的平凡，孟二冬用自己的精神叙写了不凡。子曰："志于道，据于德，依于仁，游于艺。"孔夫子寥寥数语，仿佛诉尽了一个老师所应具有的一切，而这一句话又恰恰是为孟二冬量身定做。他用自己的真实故事，向所有奋斗在教师岗位上的人树立了榜样，他是这样一位儒雅的师者，是当今时代的楷模！

ZHONGGUO HAOJIAOSHI

# 中国好教师 汪金权

WANGJINQUAN

“也许我的肉体只能蜗居在大别山的一隅，但是我的灵魂会跟随我的学生走向四方；我是荒原上的一支电杆，也许只能永远矗立在那儿，但是我把希望和光明送向远方；我可能永远只是一座桥，但能让学生踏着我的身躯走向希望的彼岸，足矣！”

——汪金权日记

# 大别山师魂

◎程 墨

有一种感情，如果不酣畅地表达出来，你会憋得难受；有一种人，如果不真实地叙写出来，你会觉得内疚。

1963年的春天，在湖北蕲春县郝子堡村，一个孩子出生了。母亲陈细花给他取了一个“富贵”的名字——汪金权。她盼望着孩子有“金”有“权”，福禄齐至，耀祖光宗，改变汪家世世代代的贫苦命运。可他的人生选择却与“金钱”和“权力”无关，大学毕业参加工作后，这个好不容易走出大山的儿子，竟然离开了繁华的都市，又回到山里来了。

1983年，汪金权以全县文科第五名的成绩被华中师范学院（即现在的华中师范大学）录取。这是新中国成立后，他们村走出的第一位大学生，小山村沸腾了。上学这天，乡亲们整整放了一里路的鞭炮，将这个大山的“状元郎”送出村口，他开始了在武昌桂子山下的求学生涯。

1987年的夏天，华师的校园绿树掩映，桂子山下清风习习。83级中文系本科180位同学坐在一起。摄影师举手喊着：“都注意了，看我的手！一、

二、三!”咔嚓!定格的大学毕业照，成了他对青春岁月的永久珍藏。4年同窗，友谊难忘；一朝分别，恋恋不舍。他和华师的校友们相互勉励，执手相约“为祖国振兴而读书!”他因为学业成绩好，表现出色，毕业分配到蜚声全国的黄冈中学任教，但是仅仅待了不到一年的时间。

1988年的春天，只因儿时恩师顾凤鸣的一句感叹“四中条件差，又地处偏远，留不住老师，也招不到优质的生源啊”，他义无反顾地回到了大山。留下“家乡需要，山区邀请，盛情难却，请求调离”的16字调动申请，他来到了蕲春四中，“支持山区教育”，这一待就是27年……

27年来，他竭自己的绵薄之力，资助着一茬又一茬贫困山区学子；他像红烛摇光一样，燃尽点点星火，亲手将一个又一个孩子送出大山，为他们插上梦想腾飞的翅膀……

27年来，他以善良、执著和信念，为孩子们铺就走出大山、走出贫瘠、走向光明的康庄大道；他尽一己之力，呕心沥血，把瘦弱的躯体化作山乡的一根电线杆，一座灯塔，将光明和希望输送到远方……

27年来，尽管须发染雪、瘦弱单薄，尽管穷困劳累、生活困厄，却还是那样痴情地、无怨无悔地守望在大别山下，坚守着三尺讲台……

这个人，人们叫他“大别山师魂”。

## 放弃名校扎根山乡教育27年

汪金权在日记中写道，“也许我的肉体只能蜗居在大别山的一隅，但是我的灵魂会跟随我的学生走向四方；我是荒原上的一支电杆，也许只能永远矗立在那儿，但是我把希望和光明送向远方；我可能永远只是一座桥，但能让学生踏着我的身躯走向希望的彼岸，足矣！”

从湖北省蕲春县城出发，一直向北走，就走向了大山的深处，确却地说，是大别山的深处。公路的一边，一半泥沙，一半黄水的河流，正不缓不急地流淌着，好像千百年来他们永远都是这种性格和节奏。路的另一边，是一块块安静的农田，娇弱青翠的禾苗在微风中摇曳。离蕲春县城50多公里路的尽头，十几座高大的山头，群山怀抱之中，静卧着一所绿树掩映、朴素干净的学校。当地人称此山为唐山，唐山脚下就是汪金权老师坚守了27年的蕲春四中。

四中是蕲春县最偏远的一所农村高中，办学条件落后，当地流传一首打油诗：“教书莫到四中来，路难走，夜难熬，刮风下雨怕屋垮，搂着被子跑出来。”在他调入蕲春四中时，学校只有8个教学班、300多名学生和10多位老师，学校连老师的办公桌都无法做到一人一张。

俗话说，人往高处走，水往低处流。初到学校，总有人问他为什么放弃闻名遐迩、条件优越的黄冈高中，而选择到一所贫穷的山区中学，汪金权总是淡淡一笑，说：“山里缺老师啊！况且这里有我的家乡、父母亲人，可爱的孩子们，回到大山，回报他们，是我应该做的事。”

回到四中，教的还是他的本行：语文。他教学生有个宗旨，叫做四会：会说话，会写字，会读书，会作文。他说，山里的孩子见世面少，性格比较内向，表达能力差。习语文，当一改这些不擅长之弊，补不足之短，让山里的孩子将来不输在起点上，给他们插上一双助飞的翅膀。

20多年来，汪金权为山区教育倾注了大量的心血。他独创的“汪氏教学法”，让许多在四中读过的孩子受益匪浅。上课伊始，他给出五分钟时间，让两到三名学生上台演讲。演讲的题目自己确定，演讲内容天南海北，演讲方式五花八门。最初，大家羞涩、紧张、不安、扭捏，甚至有的学生恐惧，然而慢

慢地，大家由害怕到接受，由恐惧到喜欢。现在，每逢课前演讲，学生们都坦然自若地上台，台上讲的人激情四溢，台下听的人兴奋不已。他从不布置任何语文作业，但是他要求每个学生每天临帖一页钢笔字，一天一交；每名学生每月要读30本以上的课外读物，包括书刊、报纸、杂志，只要健康都行。在他的班上设立了几个书架，称之为“公开书屋”，每个学生，每月只需要往上面奉献一本书，他就可以享受60本书的回报。

会读，还要会写。他说，语文教学的目的就是让学生能说会写，一名高中生毕业后一手字歪歪扭扭，语文教学就没有达到目的。他鼓励学生们写作，提倡在作文中真情表达，有感而发，鼓励学生尝试和创新。学生的每一篇作文，他都精心批注，投入了极大的热情。他批改作文从不过夜，精彩之处，画上红色波浪线，不妥之处画上红色直线，当天发回学生的手中。他说，好作文是写出来的，不是改出来的，打铁要趁热，如果精批细改，几天后发回学生，只怕学生早忘了写作时的心境和感悟。当天发回，学生们如果有想法，随时可以找他交流。而且每次布置的作文他自己也会写一篇。在他的悉心指导下，所带学生的语文学习热情、读书热情和作文热情都极大地被激发。几年来，陈卓彬等20多名学生的作文先后在全国和省级比赛中获奖，100余名学生的千篇诗文习作在《语文报》《中国校园文学》等报刊上发表。

他讲课的时间也就只有40分钟，然而他班上学生的语文成绩总在校内名列前茅。蕲春四中高一年级组组长和语文备课组组长田国平说，汪老师讲课深入浅出，风趣生动，轻松活泼，易于接受；重点明确，注重细节，引人思考，思辨性强；材料丰富，旁征博引，知识渊博，功底扎实。此外，他还特别强调学生能够“一课一得”，即每节课都有所思考和收获。

27年来，汪金权以自己的行动，默默带动着一所乡村中学学生们对语文，甚至对国学的热爱。特别令山乡学子痴迷的是“汪氏开心国学”讲座。

《孔子与论语》《三字经》……古老的文字，悠久的传说……数百师生，或坐或站，齐聚于巍巍大别山下，沐浴月色，拂着轻风，凝神静听。每到激越处时，讲者眉飞色舞、神采飞扬，听着如痴如醉、浑然忘我。讲到忘情处时，台上台下展开激烈的讨论。20余年来，这样的场景已经定格为蕲春四中永远的风景。四中的学子们感慨地说，那是他们在中学度过的最美好的时光。

因为常年在校忙于教学，母亲、妻子和孩子，他都无暇照顾，只能将他们留在离校10余公里的郝子堡村老家。妻子患有多年的精神分裂症，失去生活自理能力。他的小儿子汪品洋，3岁时一次高烧没有及时治疗，落下后遗症，脑部严重受损，智力低下，小学都未读完。70多岁的老母亲，本可以跟着另外两个条件稍好一些的儿子享点晚年的福，可是她放心不下大儿子金权这一家子，20多年来，一直帮衬着大儿子，不仅种田种地，还得做饭洗衣服照顾儿媳妇和孙子。对于自己的母亲，他每月给一点点钱，但也时常捉襟见肘，因为他大部分工资都给了需要帮助的学生。每每说起母亲，汪老师总是泪撒衣襟，他说：“只怕我这辈子也无法报答母亲的恩情。”

最让汪金权感到艰难的，是妻子发病最厉害的时段。他说：“我也想多一点时间守在她身边，尽心照顾她，可我是一名老师，我不能耽误孩子们的学习，我分身无术，没办法照顾她，可是心里放不下，一头是学校，一头是家庭，真是进退两难啊……”

汪金权曾说："我对得起自己的学生，但是最对不起的，却是自己的家人。在母亲的眼里，我或许不是一个孝顺的儿子；在妻子的眼里，我也许不是一个贴心的丈夫；在儿子的眼里，我可能不尽然是一个称职的父亲。但我可以无愧地说，我当得起一位合格的人民教师。"

27年来，他让1000多名山区学子走进了大学。桃李不言，下自成蹊。如今，汪老师的学生遍布全国，很多人成了行业精英和部门领导。

人们评价说，汪金权，把所有的爱都给予了他的学生，把青春奉献给了大山，把全部的人生献给了山区教育。他点燃了大别山希望之灯，放飞了孩子的梦想，托起了山乡的未来。

## 27年资助200多名学生10万余元　无疆大爱撒向山区学子

汪金权说："我一直铭记祖母的一句话，有两种人，一种人手心向上，一种人手心向下。手心向上的人，他的人生原则是索取：'给我。'手心向下的人，他的人生信条是给予：'我给。'我愿做后一种人，哪怕很微薄，远比索取快乐。"

汪金权的"给予"是那么的无私与博大。

蕲春四中地处鄂皖交界，来校就读的学生大多是安徽太湖县和蕲春北部贫困山区的学生。许多学生因为交不起学杂费，不得不辍学在家务农或外出打工。

1988年，汪金权回到蕲春四中，学校安排他当班主任，他非常高兴地接受这一岗位，并把每一名学生都看得像宝贝一样。然而1989年春季，新年后返校的第一天，看着班上参差不齐的学生，他失望了：为什么那么多的学生没有按时返校呢？他一家家走访。家长们纷纷诉说：家里穷，没钱交学费，没钱做生活费。

“让孩子们先上学，学费我先垫着，生活费我也出。”他这样说，也这样做了，并且一做就是20多年。

其实，汪金权的日子过得并不宽裕。蕲春县是国家级贫困县，财政供给不足。调到四中后，汪金权连续几年的月工资只有50多元钱，后来随着教师工资的调整，每月涨到2000多元。然而，他和他的家人的生活却没有多大改观。打从儿子回乡以后，母亲陈细花再也没有看见汪金权像模像样地给家里拿回过一笔钱了。这时的汪金权，他的工资不仅仅属于他和家人，因为这钱还要维系班里那些读不起书的学生。

汪老师救助的第一个学生叫汪青。那是1987年，汪老师参加工作后不久，还在黄冈中学。汪青家住郝子堡村四组，母亲死得早，跟着父亲过日子。母亲的病逝，给父亲的打击无法想象，不久父亲也病倒了，汪青便辍学在家。汪金权得知汪青无钱上学，便把准备添置家具的70元钱主动“借”给了汪青。那时汪老师一个月的工资就65元。这一出手，就等于“借”出去了一个多月的工资。这些钱，汪青后来是分几次还的。最后一次还钱时，40多岁的汪老师头发已经花白……

同事说，汪老师这一生，最不忍见的是穷人落泪。四中有个贫困学生叫汪洪奎，因为家里极度贫困和他病重母亲的哭泣，竟让汪老师资助了他10年。

汪洪奎认识汪老师是在1997年秋。当时，家中的状况已经很难再供他上学，姐姐和母亲都身患重病，全家的劳力只有父亲。为了减轻家庭负担，初中毕业的汪洪奎准备外出打工。但是，登门家访的汪老师却力劝他继续读书上学。“我们山区的孩子，读书是改变命运的最好机会，初中毕业外出打工，很难改变你们家的现状，反而会误了你的前途。”汪老师细心开导汪洪奎。在汪老师的劝说下，汪家咬紧牙关供孩子上了高中。汪老师也拿出自己的工资资助汪洪奎。

2001年高考，汪洪奎考上了海南琼州大学数学系，学费4000元。因为家里没有钱，汪洪奎只带上一点生活费到学校报到。学校考虑到他家庭困难又路途遥远，答应学费缓交。在大学里，家教的收入毕竟很微薄。大二下学期，四中组织老师去海南学习，汪老师特意去看汪洪奎，见学生面黄肌瘦，日子过得很苦，一问才知小汪的学费还欠着。汪老师知道贫困对学生精神的压抑，便对汪洪奎说："洪奎，你不要自卑，钱由我来想办法，你就安心读书吧！"回来后，他找熟人贷款4000元，给汪洪奎寄去，还每月给小汪寄生活费，少的时候两三百，多的时候四五百元。

汪洪奎没有辜负老师的期望，2003年，他通过了"专升本"考试。2005年，又考上了辽宁师范大学的硕士研究生。截至2010年，连带学费和生活费，汪老师已资助他7万多元。"这是个很有上进心的孩子，他说他想做个学者，我就让他不要在外面做兼职，沉下心来读书，以免分散注意力。"汪老师谈起这个学生时，一改谈自己时的低调，顿时眉飞色舞，眼睛发亮。

其实很多人不知道，汪老师为了不让上进心强的汪洪奎学习分心，甚至连小汪的家人也一并资助了。他曾两次带着病重的汪母田利兵到武汉同济医院看病，还垫付了医疗费。正因为10年来的持续资助，汪洪奎成为汪老师记得的为数不多的几个受助学生之一。

被四中同时录取的特困生程万里、程月梅兄妹，父母都是老实巴交的农民，家里无法承担两个孩子的学习和生活费用。面对有学难上的困境，兄妹俩在校外徘徊流泪。汪老师看在眼里，痛在心上。他与程父商量，将程万里安排在自己家中食宿，程家则集中财力供养程月梅。1999年，在汪老师家中吃住两年的程万里，与妹妹同时被大学录取。

几年前，程万里参加“专升本”考试，800 人参考只有 25 个名额，小程有幸入选。然而“专升本”要 8000 元。万般无奈之际，只好再次写信向汪老师求助。

面对昔日学生的求助，汪金权义无反顾地予以帮助。他安排好课程，搭公共汽车赶到武汉，带着程万里拜会自己大学时的程翔章老师，帮助小程借到现金 3000 元，解了燃眉之急。

程万里至今还不知道，就在汪老师为了他的事到处奔走的时候，汪老师妻子的病又一次严重发作。汪老师把妻子送到黄冈市精神病康复医院，一住 3 个月，9000 多元的医药费也是找人借的……

如今，得到过汪老师无私扶助的程万里、程月梅兄妹俩，一个成为大学教师，一个也顺利步入白领阶层。每逢节假日，兄妹俩都要向汪老师问好。

认识的学生他帮，不认识的汪老师照样帮！2009 年 11 月，高一（10）班的王启同学要买学习材料，可是家里又拿不出钱来。没有学习资料，课业受到影响，王启非常着急。好心的同学告诉他说，汪老师经常资助学生，你去找找看，说不准他会借钱给你。王启眼前一亮，但又很快犹豫了。因为，他不是汪老师班上的学生，甚至汪老师都没有教过他，他怎么好意思开口借钱呢？况且，全校学生这么多，汪老师根本不会认识他，就是开口借，汪老师能答应给他吗？这样想来想去，王启内心苦闷极了。经过一番激烈的思想斗争，这个内向的学生还是决定试试。他趁汪老师一个人在办公室的时候，小心翼翼地走了进去，默默站在汪老师的身边，几次想开口，却不知从何说起。汪老师抬起头，见王启欲言又止的样子，便和蔼地问王启有什么事。王启紧张得心直跳，低着头说："汪老师，我要买资料，家里没钱……"汪老师"哦"了一声，心里就明白了，便说："知道了。"当即从口袋里掏出100块钱，笑着递给王启说："拿去买资料吧，好好学习！"王启借了钱，一股暖流涌上心头。尤其让他感动和意外的是，汪老师问都没问他的名字，就把钱给了他。

更多的时候，是汪金权知道贫困生的情况后，主动找到学生给予资助。2009年10月，汪老师在批改高二（6）班的作文时，得知鲁红艳同学的妈妈摔伤了腿，家里很困难，便找到鲁红艳，给了200元，说："拿去给妈妈看病吧。"2010年2月，鲁红艳家里的猪死了，买了猪仔后，父母又没有钱给女儿做生活费了。汪金权知道后，又给鲁红艳150元。2010年3月，高二（6）班的吴晶晶家春耕时种子不发芽，买了新种子后，没钱给她做生活费，一天中午吃饭，她坐在教室里不出去。汪老师看到后，过来问她为什么不去吃饭，知道她没钱后，掏出100元给她……

汪老师的学生汪征，毕业后在镇信用社工作。2005年秋天的时候，六溪村农民汪义元还不上贷款，汪老师跑来找汪征，说要退掉自己在信用社的1000元股金，帮汪义元还贷款。汪征觉得奇怪，就问："他也不是您亲戚，您凭什么给他还贷？"汪老师说："他的孩子是我班的学生。我不帮他把贷款还上，他的儿子就读不了书。”后来股金没退，汪老师到处找人凑钱帮忙把贷款还了。

汪老师大爱情怀不仅让学生感动，也让学生家长感动不已。张榜镇六溪村农民余腊梅，因为夫妻俩没文化也没力气外出打工，家中很贫穷，供不起儿子汪义华上学。2007年春，正读初二的儿子一度面临辍学。汪老师找到余腊梅劝说：“你让孩子去上学，生活费我来出。”汪老师资助这名学生两年。

像这样的事情，太多了。

因为当班主任，汪金权经常代学生垫付学杂费，因此他是向学校预支工资最多的老师。“到后来，学校决定不再让我当班主任了，说这样会弄得我‘破产’。”回忆起当年这些事，汪老师像个孩子似的笑了起来。四中的副校长江支民记得，“汪老师打的欠条最多，工资也扣得最多。后来领导说不行了，再让他当班主任，可能连吃饭的钱都没有了。”让大家没想到的是，虽然没有当班主任，但是汪老师仍然资助学生，仍是经常拿钱出来给学生做生活费。

从几十元，到数百元，每逢遇到困难学生，汪金权都会伸出关爱之手。

如果要问他到底资助了多少学生，到底付出了多少，真的没人能说得清。因为这些资助，就好像天上的繁星一样，数不胜数，唯一能分辨的，就是不停闪烁的光芒，也许微弱，却丝毫不掩她惊人的美丽，默默照亮了无数学子前行的心。

一个个孩子因为他的资助延续了学业，甚至改变了命运。迄今，他至少资助了200多名学生，总额逾10多万元，占他27年总工资的一半以上。可是，他却没有办法说出所有受助者的名字和具体数额。学校的账本上没有记录；汪老师的本子上没有记录；学校的同事们，也没有记录。没有一张欠条，没有一张字迹，没有一项实证。但是这些糊涂却又清清白白的账，深深地记在从四中走出的学生心中，记在老师们的心中，记在蕲北山乡人们的心中。

## 27年“安贫乐道”，只缘“深爱着这片土地”

汪金权常说，“纵有高楼大厦，我只睡六尺床；纵有山珍海味，我只吃青菜豆腐一样香。”

汪金权有两个家，一个是位于大山深处郝子堡村的家，一处建于20世纪70年代的黑瓦白墙的土坯房，屋内没有任何家用电器，除了几张木桌木椅木床外，只有病妻、痴儿和老母；一个是蕲春四中教师宿舍501室，学校分的教师临时住房，家里有他和学生。连接两个家的唯一交通工具就是一辆破旧的自行车，遇到恶劣天气，只能靠自己的双腿。

郝子堡村村支书汪洋生说，在该村，汪老师是最贫穷的吃公家饭的人。10多年来，许多农民都盖起了两三层楼的新房，像汪老师家那样的土砖房已基本见不着了。

汪金权待得最多的还是学校的家。这是一套60平米的毛坯房，没有经过任何装修，当初建成什么样子，如今还是什么样子。裸露不平的水泥地面，墙壁灰秃秃的，显得很沉闷，屋子里没有一间可以称得上家具的东西。进门的小厅里，靠墙摆着一张破旧的四方桌，应该是作为餐桌用；三个房间里有两间的床是用木板拼成的，还有一间房里摆着一架高低床。听说这是由学校给在校教师作为宿舍用，教师交一点租金，到退休时宿舍还得还给学校。

这个宿舍从不上锁，原因之一就是家徒四壁，屋子里没什么值钱的东西，唯一多的就是一大堆书。用一位老师开玩笑的话，就是小偷来了，估计看了也不忍心下手，或许还要倒贴几十元钱给汪老师。还有一个重要的原因就是他宿舍里长期住着学生，如果上锁，学生们进出会不方便。

在汪老师的厨房里，我们心酸地看到整个宿舍中唯一的一样电器——一只电饭煲。此外就是一口铁锅，以及堆了半个厨房的柴禾，因为舍不得用煤气，汪老师一直都是烧柴禾。平时从老家背米和青菜，从不到镇上买鱼、肉等荤菜，每个月生活费不到200元。他这种苦行僧式的生活，让很多人震惊。

他经常热情地留学生吃饭，有的学生开玩笑说："我们经常留下来和他一起吃饭，可我们心里清楚，他那里除了白米饭，再也没有什么可口的佳肴了。有几回，就是一碟腐乳，我们一人吃了两块。偶尔吃一两餐，大家都觉得难受，可他，这种经年累月，已经形成了习惯……"

走进汪老师的个人房间，只有一张睡床，一张小竹床，一挑矮凳，还有两块板子搭成的书架，架子上放着上千本书籍。整个房间没有家具，没有电器，连黑白电视机都没有。汪老师的几件衣服，随意地挂在床头的帐杆上，连件半新的衣服也没有。他身上穿的一件变了颜色的西服，与他相伴了近10多年，还有一双布满裂纹的靴子，据说是他比较好的"行头"，一般出席比较重要的场合才穿。在他的床底下，摆着他多年的"朋友"——一双半旧的解放靴。他说："解放靴耐穿，合脚。"从教20多年来，连他自己也不知道自己到底穿坏了多少双解放靴。

看到这些，我们问："这些年来，你作为一名高级教师，还是全国优秀教师，日子如此清贫，不觉得苦吗?"

汪金权淡淡一笑，"这样的日子，我感到很满足!"

是的，在汪金权的世界里，有的是内心的富足，精神的快乐和灵魂的愉悦。他的这种富足、快乐和愉悦，来自于永不停歇地给予，而不是索取，或者获取。

在蕲春四中任教27年，这么多年，汪金权曾经的同事，如今或升任各种职务，或跳到较好的学校，享受较好的环境与待遇；他的一些学生，如今有一些走上领导岗位，还有些学生，大学毕业后回乡任教，还有的成为了他的直接领导。可他至今仍是一介普通的“教书匠”，毫不厌倦地坚守在三尺讲台上。一寸粉笔，一方黑板，一群山里娃，一墙书籍，就是他全部的世界。

面对种种差异和人生变化，他总是不为所动，他淡淡地说：“我只管教好自己的书，从没有想过那些问题。我以前不后悔，现在不后悔，将来仍然不会后悔。”

他的这番话，不了解他的人，也许会猜测为“矫情”，有人会认为“言不由衷”，甚至有人会认为“虚伪”，真正了解他的人知道，他不仅是这么说的，而且真是这么做的。

曾是他的学生，大学毕业后回母校任教，如今已是四中教研处副主任的汪文华说：“汪老师一贯淡薄名利，无欲无求，唯一的爱好就是细心地栽培学生，以求把他们送出山外。”

其实，以汪金权的华中师范大学本科文凭，过硬的语文教学技能，发表的多篇教学论文，且指导学生发表数百篇文学作品的佳绩，他多年以前就可以评上高级教师职称，可汪老师谦让了三次，直到2002年才晋升。每次他都主动推让说：“年长的老师干了一辈子，得有个盼头；年轻的老师刚起步，要帮一把，我还有机会!”

在四中27年中，他担任过的唯一的最高职务就是四中的“语文大组长”。他曾担任了10年，而前几年，他连这个职务也辞去了。他说：“年轻人成长起来了，就该放手让他们去干。我可以腾出精力，一心一意钻研教学。”经过他和同事们的多年努力，蕲春四中的语文教学一直是该校的骄傲。经过多年发展和积淀，如今四中语文教研室是蕲春县权威教研室，该县每次大型教研活动、中考阅卷等都由汪老师领衔主持。

27年来，他获得的各级各类荣誉证书多达近百件：全国优秀教师、省级骨干教师、市级劳模、市级优秀政协委员、师德标兵、十佳教师、蕲春名师以及各类学生获奖作文优秀指导老师，还有论文获奖证书和文学作品获奖证书……不胜枚举。其中他最为看重的，是学生的一系列省、市、国家级获奖证书。

多年来，全国优秀教师、黄冈市劳动模范等诸多荣誉加身，他有很多机会走出大山，改变命运，曾有学校向他抛出橄榄枝，月薪是现在的5倍，但他无一例外全都拒绝了，始终如一地坚守在山区的讲台上。

2010年9月9日，汪金权被教育部评为全国教书育人楷模，并受到了胡锦涛总书记的亲切接见。

面对社会各界的关心和褒扬，他深受感动，特地写了一篇文章作为回应，他在文章中说："有生以来，我一直处在无边大爱的包围之中；没有社会长期真诚的呵护，我成长过程中的那么多的坎，怎么能迈得过来？没有社会的大爱，我早就倒下，根本不可能走到今天。这不仅是对我个人，更是对广大人民教师和教育的关注。在我有生之年，我只想当个老师，我希望我的生活，能够沿着原来的轨道走下去，我只想做好自己的本职工作。过去，我没有离开过，今后我更不会离开讲台，我将伴着孩子们，直到教不动的那一天。"

身边的人都说，老汪这是图什么呢？"我离不开大山，离不开大山的孩子们，他们是那么的淳朴可爱。他们需要我、认可我。在这里我找到了人生的价值，也实现了自己人生的价值。"汪金权说。

ZHONGGUO HAOJIAOSHI

# 中国好教师 陈美荣

CHENMEIRONG

曲曲山路，悠悠岁月。一个“80后”女孩与一群大山里的孩子相依相伴，她用力所能及的一切，带给孩子们一个全新的世界，在他们心中种下美丽的梦想——努力学习，走出大山。

# 一个“80后”的大山情

◎陈 静

逶迤的群山，崎岖陡峭的羊肠小道，终年大雾笼罩，人烟稀少……这里是贵州省黔西南布依族苗族自治州的大山深处。平均海拔1843米。

普安县罐子窑镇红卫小学就坐落在这里。

祖祖辈辈在这里生活的人们，日出而作，日落而息，有的人甚至一辈子也没有走出过大山。

大山里的孩子，像一朵朵经霜的野菊，在恶劣的环境中，倔强生长。他们的视线，除了山还是山。山外的世界，他们从来不曾想象过。

一批批热血青年曾经满怀热忱来到这里，又悄然离去……

## 一

六月的贵阳，榴红似火，盛开得热烈而壮观。

又是一年毕业季，即将离开贵州师范大学的学子们正摩拳擦掌，面临人生中最重要的抉择。他们有的选择去上海，有的选择到广州，还有的决定自主创业……

一个风华正茂的女孩却淡然地收拾着自己的行李，她心中早已有一个决定，一个从来没有对人诉说的决定。

2009 年 9 月，1982 年出生的陈美荣被招聘为贵州省普安县罐子窑镇红卫小学的一名“特岗”教师。[①]她也是该校成立以来的第一名“特岗”教师。

一路颠簸，一路风尘，迎接她的是坑坑洼洼、蜿蜒盘旋的山路与绵延的群山。望着山路两旁的断崖峭壁，更是让人胆战心寒。第一天，陈美荣就差点崴了脚。

红卫小学，位于国家一类重点贫困村——普安县罐子窑镇辣子树村，全村共 15 个村民组。交通闭塞，自然环境恶劣，给这里的村民带来诸多不便。特别是冬天，漫天雪花，滴水成冰，异常寒冷。饮水尤为困难，主要靠小水池收集露天雨水来解决。

这还不是最糟糕的，到了学校，陈美荣才知道，这里连教师宿舍都没有。学校里的负责人临时给她在教学楼门前找了一间地下室。打了两周的地铺，她患上了重感冒，没日没夜地咳，咳得眼泪都淌了出来，胸口撕心裂肺地痛，整个人轻飘飘地，说话都很费力气。整整拖了一个多月才好。

这些，她一个字也不敢跟父母说。

一个月后，父母第一次来看她。看着皮肤黝黑、日渐消瘦的女儿，年迈的母亲流泪了，硬要拉她回去，再找一份工作。陈美荣也流泪了，第一次，她违拗了父母的意愿。

①“特岗”教师：是中央实施的一项对西部地区农村义务教育的特殊政策，通过公开招聘高校毕业生到西部地区“两基”攻坚县农村学校任教，为农村教师队伍补充新鲜血液，以促进城乡教育均衡发展。

后来，学校建起了一幢两层的宿舍楼，一间不足10平方米的单间宿舍就成了她的“新居”，不过，她已经很满意了。

## 二

清晨，第一道曙光披在大山的臂膀，陈美荣开始了一天平淡而忙碌的工作。

在师资紧缺的山区，每一个老师几乎都是“多面手”。初上讲台，陈美荣担任四年级的班主任，以及语文、数学、英语学科的教学，同时还兼带思品、自然、美术、体育等课程。

第一次测试，陈美荣难以置信，全班32名学生，有12名不会加减法，能背诵乘法口诀的只有6人，会拼读拼音的只有2人。英语无人及格，平均分不到20分。语文测试仅有2人及格，4人0分……

教育，不仅仅需要一腔热忱，还需要智慧与创新。如何让自己成长为一名优秀的全能型教师，如何才能让学生更有效地学习，是陈美荣常常思索的问题。

宁静的深夜，大山渐渐沉寂，月儿挂上树梢，虫儿低吟……陪伴着陈美荣度过了一个又一个难眠之夜。

如果能有孙悟空的分身术，该有多好啊！陈美荣常常感叹。这样便有更多的精力与时间照顾那些基础不太好的学生了。一路探索，一路艰辛。一个新的教学设想在她脑海中慢慢成形。她开始尝试用“团组式教学模式”进行教学，即把三张课桌组成一组，每组6名同学，面对黑板呈“U”字形坐，学生按好中差成绩搭配，进行一对一帮扶教学。让每一个同学不掉队、不落伍。工具书与课外书籍则放在课桌中间实行资源共享。

课堂不再是老师一个人声嘶力竭的“独角戏”，以往如一潭静水的课堂突然变得春意盎然，成绩好的同学体验着当“小老师”的成就感，成绩不好的同学享受着进步的快乐。思维在碰撞，潜力在发掘，灵感在闪现，观点在形成……学生的学习劲头明显足了，甚至有学生向陈美荣提出，老师，让我们晚上到学校里来上晚自习吧！不会的我们就能问您和同学了。甚至有学生干脆就不回家，花五毛钱买包方便面吃了就等着上晚自习，还有的学生什么都不吃，就等着老师来辅导。望着那一双双求知若渴的眼睛，陈美荣深深感动了。这些山里的孩子每天上学，往往要走上一个小时的山路，有的甚至要走上两个小时才能到学校。而且大部分是留守儿童，父母长年在外打工，很少回家。这些孩子，回到家中还要帮家里干农活。他们纯朴得就像是这山里随处可见的石头，陈美荣的到来，为他们开启了一扇扇新奇的窗，他们的心插上了翅膀，憧憬着更遥远的地方……

自陈美荣来后，这所学校正常开起了英语课，而且晚上总能看到一群孜孜不倦的身影，陪伴着满天的星斗。下晚自习后，陈美荣总是目送着孩子们离开，看着一把把手电筒散发出微弱的光，在山间小路上渐行渐远，她似乎看到了孩子们走出大山的希望……

这种学生互帮互学、团结合作的教学方法取得的效果让人颇感意外。仅仅一年时间，这个班的学生成绩快速提升，英语获全县统考第一名，语文、数学获全镇第三名。

她还实行“积分制”课外阅读教学管理。在班中成立“读书角”。学生利用课余时间，根据自己的兴趣通过课外古诗文、好词好句、名人名言、完成作业、动手能力、预习、回答问题、集体进步等项目完成情况，获得加分。每两周进行一次积分统计，并评出两个“最佳进步组”。对于积分最高的两个小组，她就用自己的钱买些小奖品给予奖励。学生的学习兴趣越来越浓厚了。

2010年，她被评为了罐子窑镇“优秀教师”，并在全县教师节座谈会上作工作交流发言。2011 年 10 月，经县、州教育行政主管部门推荐，陈美荣作为黔西南州先进教师代表参加了贵州省师德论坛并作主题演讲，是全省先进教师代表中唯一的一名“特岗”教师。

## 三

阳光穿行在云端，给青翠的山峦涂上金色的温暖，每一片绿叶都在享受阳光的爱抚。

上班后不久，陈美荣的眼前总是闪现着两个孩子忧郁孤独的身影。

当她第一次注视他们的时候，她的内心便微微刺痛了。那一泓深潭，怯生生地，盛满了不安、畏缩和一种与年龄不相称的忧伤。上课时，他们总是安安静静地坐着，不像其他孩子那么活泼；下课了，他们很少出教室，几乎没有同学来找他们玩；放学时，他们总是背着书包，默默走在后面，和其他同学隔着好长一段距离。

这两个孩子，一个是于培娟，一个是于培福。

很快，陈美荣就清楚了，这是两个来自“麻地”的孩子。龙吟镇的麻地，听人说过去那里患麻风病的人特别多，“麻地”因此而得名。外面的人都不愿意去“麻地”，怕被传染。附近村的大人也不准自家的小孩与“麻地”的孩子接触、玩耍。“麻地”的孩子，在学校常常被其他的孩子排斥、歧视，非常自卑。

陈美荣知道，其实这些年麻风病早就没有了。她决定到“麻地”去进行走访，出发前，不断有家长告诉她，不要去，去了会被传染麻风病的。要是去了也万不可吃那里的东西，喝那里的水。弯弯曲曲的山路，陈美荣走了两个多小时，才找到了于培福的家。这么些年，第一次有老师上门走访，于培福的父母很感动。临走前，朴实的父母拉着陈美荣的手，一再挽留，让她吃了饭再走。

于家并不富裕，若在平时，陈美荣是不会留下来吃饭的。但她考虑到，若自己坚持离开，于培福和父母说不定会多想，于是决定留下来吃完饭再走。看到老师真不走了，于培福格外开心，他像一只欢跃的小鸟，蹦前窜后。餐桌上，红红的炉火映红了于培福快乐的小脸，于家父母背地里也抹泪了。这些年来，到他们家走访并留下来吃饭的老师，陈美荣是第一个。

吃完饭，天已擦黑，陈美荣打着手电筒匆匆往回赶。漆黑的大山，四野一片寂静，黑黝黝的树影让人心惊。陈美荣心里有点慌乱了，山林里雾太大，她发现自己好像有点迷路了。走了很久，还是没有看到学校熟悉的灯光，恐惧渐渐袭上心头。突然，她听到不远处似乎有脚步声和说话的声音，还有亮光。声音越来越近，伴随着呼喊："陈老师，是你吗？"正是自己班上的一群孩子。那一刻，陈美荣泪流满面，幸福与感动充溢着她的全身。

原来，来上自习的学生等了很久也没有看到她，估摸着她是不是迷路了。因为，山间浓雾大，就是当地人有时也会迷路。于是，大家便带着手电筒出来寻她了。

和孩子们一起走在回校的山路上，陈美荣觉得，自己何尝不是世界上最幸福的人！

而这一次"麻地"之行，也让很多孩子打消了对"麻地"孩子的顾虑与防范，于培福与于培娟的脸上也开始有了丝丝笑容。

2011年的儿童节，学校买了一些糖果，分给学生。其实发到每个学生手上，也就只有一颗。糖果发下来了，孩子们第一个想到了陈老师，围着她，一双双小手争先恐后要将自己的糖果送给她吃。这里面也有于培娟。她紧张地看着陈老师，小脸都涨红了。倒不是舍不得自己这颗糖，她是担心因为自己是"麻地"的孩子，别的同学会说她拿过的糖会传染麻风病，老师也不会吃她的糖。陈美荣微笑着对她说：“小娟，你能把糖剥给老师吃吗？”于培娟大声“嗯”着，连连点头，脸上已乐开了一朵花。她将糖纸剥开，喂给了老师。“真好吃！”陈美荣也笑了。

渐渐地，这两个孩子越来越开朗，越来越活泼，眼神中也没有了往日的阴云。而学校里，谈“麻”色变的同学也几乎没有了。

短短几年时间，陈美荣的足迹遍及每一个学生家里。爱，具有穿透一切的力量。受陈美荣的感染，当地很多人也转变了对麻地人的看法与态度。真挚的爱在奉献时最为豁达，在收获时也更为丰富。现在，每当陈美荣去家访，村里人总是热情地一再挽留她，她成为村里的“公共客人”。

2012 年 9 月，陈美荣获得普安县“优秀教师特别奖”，同时受贵州省教育厅邀请参加全省优秀教师巡讲报告活动。2013 年 4 月，陈美荣获“贵州省五一劳动奖章”。2013 年 6 月，获“全国师德楷模”荣誉称号。2014 年，陈美荣入选“2014 年度全国教书育人楷模”候选人名单。

曲曲山路，悠悠岁月。一个“80 后”女孩与一群大山里的孩子相依相伴，她用力所能及的一切，带给孩子们一个全新的世界，在他们心中种下美丽的梦想——努力学习，走出大山。

巍巍大山，见证着一个“80 后”女孩别样的努力，燃烧激情，播种智慧，用无悔的青春点亮大山深处的希望。

她们的故事依然在继续……

ZHONGGUO HAOJIAOSHI

# 中国好教师 杨小玲

YANGXIAOLING

用博爱诠释对教育事业的忠诚，用智慧点燃学生的希望，为学生成人，为家庭减负，为社会分忧；用真诚与爱心、汗水与智慧，为残疾孩子撑起一片蓝天。

——杨小玲

# 25 年用“心”照亮聋哑孩子人生

◎程 墨

对于生活在无声世界的聋哑孩子，她是灯塔，不仅照亮了他们寂然落寞苦苦求索的道路，更点燃了他们勇敢追求人生梦想的希望。因为她，冷冰冰的无声世界变得温馨而有爱。

25 年，她坚持每天下班后为聋哑学生训练舞蹈 3 个半小时，相当于多工作了 10 年；她创新独特的聋舞教学方法，为湖北乃至全国聋哑舞蹈教学借鉴；她培养的 500 多名舞蹈队学生中，《千手观音》领舞邰丽华征服了亿万观众，3 个月大就失聪的蒙蒙美丽绽放在北京残奥会的舞台上，8 名学生登上中国残疾人艺术团璀璨的舞台，更多的孩子上了大学继续深造，或走上社会正常就业。

她，就是武汉市第一聋哑学校特教教师杨小玲。从青春到不惑，她把自己最美好的年华奉献给了这群特殊的学生。回望来路，她说自己最大的骄傲，是没有辜负聋哑孩子用尽全力叫出的那一声含糊却动人的“妈妈”。

## 因爱结缘，无悔挥洒青春岁月

1990 年初夏的一个下午，18 岁的杨小玲和 3 名同学一起来到武汉市第一聋哑学校，透过窗户，她看到一群孩子在教室里跳傣族舞。孩子们的动作很僵硬，谈不上任何美感，但他们眼睛里透出的一股子认真劲儿让杨小玲动容，她的眼泪刷地一下就下来了。

这个武汉市幼儿师范学校的舞蹈尖子没有想到，就是这段无声的舞蹈，让自己跟聋哑孩子结下了不解之缘。

这一年，杨小玲从师范学校毕业，那时毕业生包分配，再加上杨小玲的体育特长曾给母校实现过零的突破，学校领导对她说：“武汉市的小学、幼儿园，随便你挑!”但是，杨小玲只郑重地填了一个志愿——武汉市第一聋哑学校。

“是他们的坚持和对生活的希望感染了我，我要帮他们做点什么。”杨小玲坚定地说。

刚当教师，杨小玲不懂手语，完全不知道如何跟学生交流，排练舞蹈时不知怎么讲解节奏和动作要领，更不用说表达音乐的内涵。她只能一次又一次地给学生示范，一节课下来，自己弄得汗流浃背，学生还是没能掌握好动作。回到办公室，她难过地趴在桌上哭了。

擦干眼泪，工作还得继续。为了尽快学会与孩子们交流，杨小玲除了背手语书，还以学生为师。操场上、食堂里，孩子们私下“聊天”，杨小玲看不懂，就主动向他们请教，孩子们都很喜欢教杨小玲这个勤奋的“学生”。就这样，杨小玲一步步走进了手语的世界。

在聋校，交流的障碍还只是第一道门槛，困难远比她想象得要大：音乐再悠扬，学生听不见；节拍再鲜明，学生也感受不到；所有的舞蹈术语，必须“翻译”成肢体语言；节拍和口令，只能用手势传达，站在这群孩子中间，杨小玲突然觉得自己像个“外星人”。一曲简单的《采蘑菇的小姑娘》，原本以为只用一节课就可以教完，结果她用了 5 节课效果仍不理想，一个踢腿动作就高低不齐，严重的挫败感让她想打退堂鼓。

一天深夜，杨小玲路过学生宿舍，发现灯还亮着，从门缝往里看，原来是 4 个小姑娘正在苦练踢腿动作，4 条腿同时抬起，坚持、再坚持……抬在半空的腿发起抖来，小姑娘们仍努力咬着牙。

杨小玲扭过头又哭了。这一幕让她坚定了留下来的决心。可是怎么样才能让聋哑孩子感受到节奏？杨小玲苦苦思索，直到有一天偶然看到舞蹈室里的大鼓，她忽然眼前一亮，顿时有了主意：鼓声震动，通过地板传递到孩子们脚心——孩子们第一次“听见”了节奏，眼里放出惊喜的光。

学生们从此喜欢上了舞蹈课。为帮助学生理解，她把音乐编成一个个小故事；为实现动作整齐，她自创呼吸传递法；为尊重残疾学生个性差异，她探索出无限沟通法……杨小玲的热情投入，点亮了孩子们对生活的希望。

## 爱生如子，帮学生自信迈入社会

队里最刻苦的队员名叫王志刚，杨小玲为他选定独舞《好汉歌》参加全省残疾学生文艺比赛。当时，杨小玲身怀六甲，不管多晚、多累，她都陪在训练场，打节奏、讲要领。后来，王志刚赢得了全省一等奖，又在全国残疾人艺术比赛上大获成功，成了中国残疾人艺术团的专业舞蹈演员，先后参演央视春晚《千手观音》，登上雅典奥运会闭幕式、北京残奥委会开闭幕式舞台，感动了亿万观众。

如今，退役的王志刚成为天门市特殊教育学校的一名舞蹈教师，他带的学生有些成了全省残疾舞蹈表演的佼佼者。

聋哑孩子往往好强而又自卑。杨小玲给家庭经济困难的学生垫付学费，自己筹钱给贪玩摔伤骨折的孩子做手术，同时深知不仅要给他们经济上的帮助，更重要的是不能伤害到他们的自强与自尊。学生李青平充满灵气，很有舞蹈天赋，可性格有点儿孤僻，在一次训练中，她不认真的态度被杨小玲严厉批评了，她狠狠瞪了一眼，扭头就冲出了排练厅，杨小玲的眼泪刷地掉了下来，“那个时候就觉得自己好委屈。”

冷静下来，杨小玲悄悄找到李青平的班主任和同学，了解到李青平每月生活费只有一两百元，还是靠弟弟打工挣来的，早餐经常只吃一个馒头，大强度的舞蹈训练，她的体力显然跟不上。了解了情况后，杨小玲为自己的莽撞而自责，她主动找到李青平，真诚向她道歉，请她继续学习舞蹈。

以后的日子里，杨小玲经常从家里带好吃的给李青平补充营养，训练结束后摸摸她的头，给她一个微笑，一份赞许……李青平快乐了起来，也乐于和同学们交往了。高三毕业，她以优异的成绩考入天津理工大学，毕业后在广州一所学校的服装设计专业任教，业余时间主动给学生排练舞蹈。她辅导的轮椅双人舞，荣获广东省残疾学生文艺比赛一等奖。

李青平给杨小玲来信说：“是您给我插上寻梦的翅膀，是您让我找到追梦的自信，是您在我心里洒满梦想的阳光。敬爱的杨老师，无论走到哪里，我都要像您那样，继续这爱的接力。”

杨小玲说：“每个生命都有梦想，我帮他们圆梦，他们会用自己的行动，点亮更多孩子的梦。”

## 幸福使者，让每个心灵都充满阳光

2009 年秋，学校排练的舞蹈《楚风乐韵》代表湖北教育系统去上海参加全国中小学生文艺展演。

与健全孩子一起同台竞技，机会难得，杨小玲和学生们加紧排练。然而一天训练时，杨小玲使劲跺脚，忽感脚下一软，跪倒在地，医院确诊为左脚跟腱断裂。“你的跟腱就像一根长期被反复拉扯的橡皮筋，硬生生被拉断了。”医生告诫她必须老老实实卧床。

杨小玲当过中长跑运动员，知道跟腱对一个人有多么重要，但比赛时间越来越近，她实在放心不下。大年初四，坐着轮椅、打着石膏，杨小玲出现在舞蹈教室，指导孩子们排练。最终，舞蹈队的孩子们发自心灵的舞蹈，拿回了第一名。这一刻，杨小玲觉得所有付出的辛苦，都很值得。

跟腱养好了，杨小玲又站到舞蹈教室里。音乐响起，她仍会不自觉地用力跺脚，她想传达给学生的不仅仅是节奏，还有克服困难的信念。

2006 年，杨小玲被借调到中残联艺术团工作，经过半年艰苦训练，她带的队成为艺术团一块响当当的招牌，一年演出 70 多场，去了 10 多个国家和地区，好评如潮。

领导们想把杨小玲留下来，承诺帮她解决后顾之忧，爱人工作、女儿读书都不成问题。杨小玲正在犹豫时，远在武汉的学生每天发来短信，问得最多的是“妈妈什么时候回来”。这些孩子就像风筝线一样扯着她，不管飞多远，心的那一头，总是系着他们。

“艺术团的学生离开我，一样有精彩的人生；跟他们比，聋哑学校的孩子更需要我。”一年后，杨小玲回到了武汉。当她踏入校门，舞蹈队的孩子们一拥而上簇拥着她的时候，她为自己的选择感到幸福，“这是个温暖又踏实的地方，我的心在这里。”

在杨小玲的带动下，武汉市第一聋哑学校成为全省领先、全国知名的特教学校。“回望走过的路，我离不开这些聋哑孩子，看到他们登上梦想的舞台，或是自信踏实地迈入社会，一切的付出都值得。”杨小玲笑着告诉记者。

教师心语

# 在爱的滋养下成长

◎杨小玲

从事特殊教育工作已有 25 个春秋，时时回眸，内心的那份责任和自豪让我充满着幸福的感受，也时刻鞭策着自己不断前行。记得初中时代，曾经对老师的那份敬畏，却因为初三时班主任老师放在我手上的一杯水和一个“发饼”所改变。那件事让我感受到老师温暖的爱，也让我改变了人生的方向，让一个没有远大理想的孩子从此有了追梦的渴望。正如习近平总书记在庆祝第三十个教师节表彰会时讲到，“三寸粉笔，三尺讲台系国运；一颗丹心，一生秉烛铸民魂。今天的学生就是未来实现中华民族伟大复兴中国梦的主力军，广大教师就是打造这支中华民族‘梦之队’的筑梦人。”我时常想，如何让自己的梦，孩子的梦与伟大复兴的中国梦紧密相连，并为之而不懈追求。

我的学生们都是聋哑孩子，教育的目的首先是让懵懂的他们知道为什么而学，让他们能有一份社会人的责任与担当。记得刚刚接触这些特殊的孩子时，那份同情和怜爱,让我有着强烈的愿望——想帮助他们。但沟通上的障碍，思维上的偏执，情感上的冷漠，让充满热情的我感到那么的无助

和彷徨。在自己情绪低落的时候,身边的老师给了我力量，我发现，那就是“爱”！天气凉了，班主任脱下自己的外套，披在孩子身上；下雨、下雪了，老师脱掉自己的鞋袜换在孩子湿冷的脚上；外地的学生因为节省路费留在学校，老师就把孩子们请到家里吃上可口的饭菜……这一幕幕动人的画面，让我懂得了爱的力量，让我看到了孩子们对老师的依赖，也让我在爱的滋养中成长！同时，也坚定了我的人生梦想：“帮聋哑孩子圆梦，让不知道方向的孩子有梦的渴望。”

梦需要追寻，更需要引导。了解、信任、尊重、热爱她们，才能唤起她们对生活的希望，才能点燃她们心中的梦想。在我从事舞蹈教学 20 多年来，让我记忆最深和牵挂最多的是一位 6 岁时因高烧而失去听力的孩子李青平。9 岁时她来到我身边，性格孤僻、脾气暴躁，同学们在背后说她是“怪物”。当我知道她每个月的生活和学习费用只有一两百元，还是哥哥打工挣来的，当我知道她每天早上只能吃一个馒头时，我真的好心疼。于是，私底下给她单独辅导，训练时时常给她鼓励，家里熬的银耳、排骨汤总会给她带上一份，生病了为她买药、陪她看病，生活费不够时总会偷偷塞给她一二百块钱，可她并没有因为我特殊的爱而有所改变，经常是训练迟到，排练懒散，还经常在学生面前让我下不了台。为此我曾经哭过很多次，感觉自己好委屈。每当这个时候，又会有一个声音在敲打着自己：我是老师，我不能放弃身边任何一个孩子，我一定要走进孩子的心灵！为了得到孩子的认可，业余时间我去文化宫学习舞蹈，晚上在家研究专业院校的舞蹈光碟，要求学生做到的动作，我都率先示范。并不是专业院校毕业的我，曾几次在示范动作时受伤，但我没有放弃，我相信爱和责任一定会赢得学生的肯定。随着时间的推移，我的努力得到了孩子们的信任，就连李青平也愿意和我亲近了，常常把心里话说出来与我分享。现在的她，和我一样，成为了一名特教老师，在给我来信中说："是您为我插上了追梦的翅膀，是您让我找到了追梦的自信，是您在我的心里洒下梦想的阳光，无论走到哪里，我都要像您那样，继续这爱的接力。"

看到她的成长，看到孩子们点滴的进步，我的内心充满了喜悦和自豪。回想我的人生轨迹，因被爱而选择了教师这份职业，因这份职业让我懂得了如何去爱，又因为热爱让我明白了责任与担当，也因为有了责任与担当让我收获了学生的爱，也让我体会到做一名教育人的幸福与荣光。教育是终身的事业，它需要教育人不断进取，勇于创新，勤于思考，乐于奉献，同时它也要求教育人有理想，有大爱，有才学，有智慧。这样的老师才称得上人师，才能成为学生的标杆，成为他们成长路上的指导者和引路人。为了这一崇高的事业，为了这份幸福的职业，我将不懈努力和追求，让自己的人生和孩子的人生一样精彩！

（本文获 2014 年由教育部门户网站发起的
"做党和人民满意的好老师"征文活动一等奖）

ZHONGGUO HAOJIAOSHI

# 中国好教师 孙维刚

SUNWEIGANG

“有的人活着，他已经死了；有的人死了，他还活着。”孙维刚就是诗人臧克家曾经热烈讴歌过的那种虽死犹生的人。孙维刚不仅活在他的学生心中，而且活在他的教育思想里，活在受到他影响的教师的心中和实践中。

# 无私忘我，留得青山映夕照

◎刘克耘

怎样获得一个真实而又深刻的孙维刚的教育形象呢？尽量抛开述评的文字，直接阅读孙维刚用生命写成的书，直接聆听孙维刚讲孙维刚的教育故事，可能是最好的方法。①

## 请给我 6 年的时间

“请给我 6 年的时间”！在这句至今只属于孙维刚的话里，包含了多少教育的奥秘。

“北京 22 中是所普通中学，生源不理想。”不理想到什么程度？孙维刚说：“第一轮实验学生入学时，小学升初中还是统一考试，每人三个志愿。我接的这个班没有一个第一志愿，除了两个第二志愿外，都是第一志愿市重点，第二志愿区重点，第三志愿才是 22 中。即使这样，仍有十几个同学不来报到，我们补进了一些就近分配的学生。”

① 本文主要取材于“孙维刚师德事迹报告”，视频在线观看，56.com；孙维刚：《孙维刚谈立志成才》，北京大学出版社 2006 年版。

“改变一个孩子的状况，不是短期内能完成的，所以我要从初一接新生，请给我6年的时间。”孙维刚最初的想法是朴素的。十年树木，百年树人。教育当然需要效率，但却更是“慢”的艺术，需要的是持久的功夫。急功近利是教育的大忌，因为急功近利的结果，不仅仅是误人子弟。但就具体的教育行为而言，用一位老教师的话说，“回顾以往，我似乎天天都在犯急功近利的错误。”

1986年，第一轮实验班的蔡冰冰同学经过选拔考试，成为北京市唯一入选首届数学奥林匹克国家集训队的学生。一个6年前被重点高中淘汰的女孩子，6年后竟取得如此优异的成绩。面对自己创造的教学奇迹，孙维刚的感觉是被“击一猛掌”，由此悟到孩子的改变应当是全方位的，首先是思想品德。“因为这种蜕变不是仅仅着眼于向学生传授知识，使学生一步一个脚印地掌握知识所能达到的，更不是督促学生大量做题、刻苦加刻苦所能企及的。这是从以知识为目标，转移到以活生生的学生本人为目标，全面发展他们素质的结果。”于是从1986年入学的第二轮实验开始，他提出了新的想法：“坚持德、智、体全面发展，强调这个发展是思想品德素质、智力素质、身体素质的发展。这里，德是第一位的，因为我们需要的是为大众谋福利的人才，否则，考上大学又有什么价值？智，不能仅仅着眼于知识，要通过知识的教授，不断发展孩子的智力素质，造就一个强大的头脑，把不聪明的孩子变聪明起来，让聪明的更加聪明。”

如何做到这一点？孙维刚师德报告的主题揭示了这一秘密——“已立立人，提高学生全面素质”。孙维刚说，形成这个认识，他“走过了一段长长的路”。“已立立人”，揭示了一个根本的教育关系：只有在精神上屹立的老师，才会自觉地培养顶天立地的学生。而要“提高学生全面素质”，教师首先就必须具备比较全面的素质。“立人”，是教学的根本目的；“提高全面素质”，既是立人的根本途径，也是提高学生学业成绩最有效的方法。

每一次看孙维刚老师在全国优秀教师师德报告会上的演讲视频，都会感觉是在接受一场精神的洗礼，都能体会到不一般的酣畅淋漓。一个老教师，几个老故事，为什么会有如此大的魅力？少有大志、多才多艺的孙维刚，中学时代就是青岛二中学生中的佼佼者，他的高考目标是北京大学物理系，人生理想是成为一名国防科技专家。阴差阳错，使得高考成绩优秀的他，遗憾地成了一名专科生（北京师专，今首都师范大学），科技界因此少了一根栋梁，教育界却因此多了一座丰碑。对于孙维刚用 17 年时间，经过三轮实验创造的教育奇迹（其中的一年，是以患癌之身，同时教高三和初一），或许也有不明真相的人，将之归为“高徒出名师”。而事实却是“请给我 6 年的时间”！

## 我为什么要当班主任

“我当教师 38 年，曾经教过物理、地理、历史、音乐，兼任过北京 22 中排球队、乒乓球队、篮球队教练和手风琴伴奏”，在师德报告中，孙维刚老师的话音未落，会场就爆发出热烈的掌声。

而令人感动和震撼的是，孙老师接下来说的一番看似云淡风轻，实则意味深长的话：“但 38 年来一直没有间断的，是教数学和当班主任，即使今天我已经 61 岁。我为什么要当班主任？我看到一个孩子的进步与徘徊，常常维系着一个家庭的欢乐与痛苦。我们当班主任虽然苦，但当看到是我们的工作给千百个家庭送去欢乐时，从心底升起一种难于言状的激动。当班主任，还更有利于和学生们息息相通，统一一个共同的追求。”

孙维刚认为：“教育上，有通过集体进行教育这样一条原则。而今天，社会影响比较复杂和多元化，这条原则就愈显重要。因为，不管外面的人怎么想、怎么行为、如何为人，但自己周围的人却一致地蓬勃向上、正派高尚，这不仅是一种巨大的约束力量，而且是一种说服的力量，更是一种强大的鼓舞。

它会帮助每个成员，战胜困难，迎来成功。”

高度决定格局，视野左右行为。才华横溢的孙维刚，既做经师，更做人师，其为人师的平台就是当班主任。当班主任一直当到年过花甲，仅凭这一点，孙维刚就创造了一个当班主任的世界纪录，更不用说他当班主任所达到的崇高境界了。

孙维刚的育人观，集中体现在他每接一班新生，就与学生及其家长经过反复讨论而确定的为之共同奋斗的三条建班方针上：第一，做诚实、正派、正直的人；第二，做有远大理想的人；第三，做有丰富感情的人。孙老师说：“这里的每一句话都赋予了我们的理解，倾注了我们的心血。例如，什么是‘远大理想’，我们的远大理想不是指的考大学，是要为人民多作贡献。‘丰富感情’，是要因为我来到世界上而使别人更幸福。”因为他的以身作则，因为他对孩子们真诚，他所确立的建班方针得以成为现实，成为学生共同的求学做人的准则。在孙维刚的班上，分享学习经验、困难抢担、荣誉相让、利益相让蔚然成风；向灾区捐款，这个班也往往是全校最多的。

孙维刚对学生的真诚达到了极致。他说，“我做错了事，哪怕在心里错怪了谁，我都要在讲台上作检查，向错怪了的同学赔不是。”资助家庭经济困难的学生，孙老师花的钱“不止一两万”。对从小就爱“闹”，被小学老师形容为“他若不到学校来，就跟少半个班的学生一样”，上了中学仍常常违纪还强词夺理的学生雷易鸣，孙老师在上手术台之前，在不知道自己还能不能活着走下手术台的情况下，怀着对这个学生前途深深的忧虑，连续 5 天每天给他写一封信。这个贪玩成性的学生在孙老师的深情感召和精心教育下，最终考入北京大学物理系，成为一个有强烈社会责任感、让父母和老师为之骄傲的人才。

“若没有孙老师，我们的孩子要毁了的。”雷易鸣的父母说。

孙维刚说“这话当然过分了。”虽说，若没有孙老师，雷易鸣不一定“毁”，但也不可能这样“成”。对大量像雷易鸣这样需要精心雕琢才能够成器的学生而言，孙维刚似的好老师，是其成人成才不可缺少的重要条件。

教育是孩子第二次“出生”的机会。理想的教育应该是适合每一个孩子的教育，是弥补第一次出生的差别，将每一个孩子培育成家庭所期望，社会所需要的人的教育。孙维刚在为学生提供这样的教育方面，为我们作出了表率。他不是因为偶然的机缘，造就了几个特别出彩的学生，而是用他满腔的热情和高超的智慧，在普通的学校，把普通的孩子，整班整班地造就为素质优秀的学生。这些学生无论是思想品德、学业成绩、还是身体素质；无论是在中学、大学、还是在进入社会后；也不论是在国内发展，还是走向世界，都堪称优秀。孙维刚的学生，清华大学经济学会会长王一同学这样评价他：“他首先教我们做人，再教我们做一个有用的人。也许更多的人只知道孙老师书教得好，但不知道孙老师将更多的心血花在了指引学生们的人生方向、完善孩子们的健康人格上。”

孙维刚在谈到班主任工作时曾语重心长地说：“德育工作，才是班主任要全力抓好的大事，一切都要围绕它而展开。德育的成功，将有力地促进开发智育的进程；而德育的苍白或紊乱，将滞误智育工作顺利地进行。班主任要与同学们相约，建设一个优秀的集体。建成一个优秀集体的关键，是使正确的建班方针深入每个孩子的心田，化作他们自觉的行动。浇菜要浇根，浇（教）要浇（教）心。怎么才能教在心上？关键是，班主任的言行和对孩子们的真诚。在建设一个优秀集体的工作中，还有一个重要的因素，那就是家长。

诚如陶西平先生所言：“一切为了育人，这是孙维刚教育思想的核心。由此形成了他的教育价值观、教育哲学，乃至教学论、学科教学论体系，形成了他的人才观、学生观、教学观、评价观体系，也形成了他的教育个性和特色。”

## 系统精微，独辟蹊径攀高峰

在第三轮实验结束的1997年，孙维刚和他同事们，将6年前2/3的学生中考成绩低于区属重点中学录取分数线的一班学生，几乎全部送进了重点大学，并创造了全班40个学生，22个学生考上北大清华的惊人纪录。时至今日，孙维刚的教育实验依然具有现实的价值和标志性的意义。孙维刚的学生享有课后没有书面作业的数学学习，每天9小时充足得堪称奢侈的睡眠以及丰富多彩的体育艺术活动。

正所谓“功夫在诗外”，孙维刚对中学数学教育的思考，远远超出了数学教学本身。而这正是孙维刚高明、神奇的奥秘之所在。他关注的不仅仅是怎样教好数学的问题，而是“如何让中学数学教学在整个中学教育中发挥更大的作用”的问题，他认为问题的关键在于正确的观念和有效的实行两个方面。

关于中学数学教育的目的，孙维刚认为“在非智力因素等同的条件下，智力的差异是决定性的。因此，把中学数学教学的目的，定在通过知识的教学培养能力，发展和完善学生的素质，使学生的聪明日益长进上，不恰恰是使中学数学教学在整个中学教育中发挥更大作用的远见卓识吗？”那么，怎样使这种正确的观念得到有效地实行呢？孙维刚老师总结了六种卓有成效的做法。

其一，时时事事站在系统的高度把握知识。每个数学概念、定理、公式等知识的教学都是在见树木更见森林，见森林才见树木的状况下进行的。在教学过程中，对任何细节，都鼓励学生追本溯源，凡事都去问为什么，寻找它与其他事物之间的联系，使它逐渐成为学生的一种根深蒂固的习惯。在系统中进行教学，濡染学生，使之养成“联想总是油然而生”的思维习惯。

其二，着重向哲理观点升华。着眼于知识之间的联系和规律的同时，着意于数学思想的渗透，更着重向哲理观点升华。在数学教学中点点滴滴地长期渗透，使学生在耳濡目染过程中得到熏陶。

其三，使学生成为课堂的真正主人。发动学生开展学习的革命。在课堂上创造条件，让学生总是想在老师前面，向老师（包括课本）挑战，让学生在思维活动中训练思维。每个公式、每个定理，都让学生自己动手推导，使其“自己动手，丰衣足食”。学生之间相互传染聪明才智，远较教师一言堂那块土地要肥沃得多。

其四，正确对待解题。题不在多而在精彩。精彩是指题目不只是对定义、定理、方法进行复述，题目的思路应充满活力、综合性强等等。但更重要的是“一题多解，多解归一，多题归一”。一题多解，将使学生身临其境、加深理解；多解归一，是寻求不同解法的共同本质，乃至不同知识类别及思考方式的共性，上升到思想方法、哲理观点的高度，从而不断地抽象出具有共性的解题思考方法——多题归一。为了这种“把题做透”的目标能够实现，教师必须少留作业。

其五，不断指导孩子们探讨科学的学习方法。从初一年级开始，就提倡和指导学生开展问题研究，练习写论文。醉翁之意不在酒，学生进行研究，最大的收获不是成果本身，更不是获奖，而是成长。

其六，保证学生有充足的睡眠，重视体育和美育活动。孙维刚的学生“在中学 6 年的时间，大多数人每天睡眠 9 小时左右，一些学习成绩优秀的同学，每天睡眠都在 9 小时以上，睡眠少的个别同学，也在 8 小时以上”。在时间加汗水蔚为壮观的现实教育环境中，这本身就是一个奇迹。孙维刚认为，“做到这一点的关键是，使学生白天抓紧时间，上课效率好，时间利用率高；老师留作业一定少！”他帮助学生精细安排时间，组织指导学生开展丰富多彩的体育术活动，“每天放学后女同学跑 800 米，男同学跑 1500 米”“每年都举办一次文艺演出班会”，做到了“让学生的思想品德素质、智力素质、身体素质、艺术素养同步向前，互相促进，相映生辉”。

运用自己独创的结构教学法，孙维刚能够在初一用半年多的时间，带领学生完成整个初中的数学学习；戴着红领巾的初一学生去参加数学中考，能取得均分超出毕业班 10 分之多的成绩。在同龄人走进中考考场的时候，孙维刚的学生不仅学完了高中的全部数学课程，而且还学习了许多课本上没有的内容和部分大学的数学课程。按照正常的进度，需要在一个月时间内逐步学完的高中三角函数的 118 个公式，孙维刚可以在三天半的时间内完成知识的教学。不用高中数学课本，不用任何教辅资料，更不用加班加点，孙维刚的学生在他开辟的教学空间里，可以高效率高质量地“超额”完成中学学业，在国内及国际数学竞赛中披金摘银，在高考中屡创奇迹。

孙维刚的学生，清华大学的温世强这样评价他的教学：“孙老师的第一堂数学课，没讲数学题，而是讲数学和谐对称的美感，自然界万物及人，哲学上的一分为二，都能在数学中予以体现。此后一个月，他讲的都是如何做人。”

“孙老师讲数学课，山南海北，古今中外，历史地理，物理化学，唐诗宋词，无所不讲。有时，随手就画一幅地图，让大家联想。”清华大学陈帆谈起昔日恩师，充满感激地说。

北京大学桑丽芸谈起孙维刚老师的教学时，仿佛仍沉浸在往日的课堂上：“上数学课，孙老师一般都是选出一个题来和大家一起做。有一次，孙老师求证一个定理，用了七八步，阎瑶用另一种证法只需四步，老师大加赞赏，鼓励大家另辟蹊径，结果同学们相互激发，竟找到了七八种证法。孙老师最喜欢同学这样向他挑战，鼓励大家‘打倒老师’。上孙老师的课，有一种竞争气氛，每个人都想找机会展示自己的才华，我们上课常常发生争论，思想急剧交流，互相启发，最后升华到新的高度。孙老师称这叫‘释放潜能’‘传染聪明’”。[②]

有记者发现，“孙维刚的学生的成绩，和‘付出’之间有一道‘不等式’——课前不用预习，课上没有笔记，课后没有作业”，而高考成绩却总是那样优异。孙维刚到底靠什么让他的学生得以跳出题海，大获成功？孙维刚说：“我给学生出一道题，自己要先做 10 道题，从中选出最精彩、最典型、最能启发学生思维的。让学生能感受到数学的乐趣，领略到数学的美。”这位记者在孙维刚的书橱里，找到了一摞大硬皮本。数数共有 22 个（但这只是其中一部分）。上面画着三角形、圆锥等各种几何图形，旁边则是密密麻麻的解题笔记。学校传达室的师傅，见证了孙老师的辛勤付出：“每天晚上孙老师都要工作到 10 点多才离开。”[③]

“看似平常却崎岖，成如容易实艰辛。”大量解题是学生学习数学、学好数学不可回避的事情。为了使学生更有效地掌握解题的规律、提高数学学习的效益，孙维刚对数学的知识结构与教学方法进行了系统而精微的研究，总结归纳出了数学解题的 4 个大规律，15 个中规律，30 多个小规律。这是他为中学数学教学留下的一笔宝贵的财富。站在系统的高度，可以高屋建瓴；深入本质的结果，是一通百通；全面提高素质的回报，是学生高水平的可持续发展。孙维刚的三轮实验，人们为之惊奇，叹为神奇，也引发了质疑。事实胜于雄辩，奇迹蕴含真理。

系统精微，独辟蹊径攀高峰。孙维刚始终站在系统的高度进行教学，从而为学生真正高效的学习奠定了扎实的知识、方法和能力的基础。他不仅在数学学科上具备深厚素养，而且在其他学科，无论是科学还是人文学科，均具有广泛的学识。这使得他在数学课堂上，能消除学科壁垒，带领学生在各科知识间自由翱翔，从而达到他所描绘的“八方联系，浑然一体，鹰击长空，鱼翔浅

② 互联网：“传奇教师孙维刚”。
③ 互联网：“孙维刚老师怎样教数学”。

底”的高度自由的教学境界。

## 无私忘我，留得青山映夕照

在孙维刚的教育思想臻于完善、教学艺术炉火纯青的时候，在他正在为第四轮实验而竭尽心力、日夜操劳的时候，在他正将自己创造的教育方法和实践经验向广大教师传播的时候，病魔终止了他顽强的跋涉，把他的人生足迹定格在了 2002 年 1 月 20 日。

这时距他 1990 年 5 月查出膀胱癌将近 12 年，距他 2000 年 9 月 9 日在人民大会堂声情并茂地作师德报告 1 年 5 个月又 11 天。孙维刚的实验是从 1980 年开始的，也就是说，孙维刚的三轮半创造性教育实验，有一半的时间是他以患癌之身支撑的。虽然前期密集手术的成功，保证了他能继续从事自己所钟情的教育实验，但我们不难想象，要进行这种持续的创造性教育实验，需要多么强大的精神力量。尤其令人感动不已的是，在 1990 年 5 月发现膀胱癌后，到 1992 年 12 月痊愈的两年间，他仍然担任班主任。在 1991 至 1992 年学年度，还同时兼任高三和初一两个班的班主任。在 1998 年发现直肠癌，进行手术治疗后，他还屹立在讲台上，继续他的第四轮实验。

在他身后，他的同事接过了他领跑了一年半而深情递出的接力棒，沿着他开辟的方向，带领实验班的学生继续探索前行，取得了优异的育人成绩：全班 25 名学生，在 2004 年全国高中数学、物理、化学、生物四大学科竞赛中，有 9 人获一等奖，9 人获二等奖，获得北京大学保送入学资格的臧鹏远同学，还是北京科技创新大赛的 5 名市长奖获得者之一。④

北京 22 中的老校长成希春这样评价孙维刚：“他是一位杰出的教师，一

④ 续梅：“近看远行的孙维刚”，载《中国教育报》2005 年 1 月 24 日。

位富有创新精神、充满爱心的教育工作者。他能力很强，但一生宁愿与清贫相伴，在教师的平凡岗位上却做得轰轰烈烈、壮丽辉煌。”⑤

一位学生家长感慨地说：“如果我们学不来孙老师的才气，但至少应该学些他的正气。”⑥孙老师的学生，著名革命烈士江竹筠（江姐）的孙子彭壮壮在题为《我们的生命是你生命的延续》一文中写道：“作为孙老师二轮班的一员，我曾在4年的中学生活中受到他不倦的教诲，在远隔重洋，身处异国他乡时与他探讨事业与人生的困惑，在回到祖国后与他促膝长谈对未来的希望，这些对我来说既是今天的深情回忆，也是明天的无限财富和永远动力。……孙老师虽然已离我们而去，但他对我们的影响将继续随我们而存在。我们对他的纪念，是在今后人生道路上对他的精神的继承和发扬，我们的生命本身，将会是他的生命的延续。”⑦

“有的人活着，他已经死了；有的人死了，他还活着。”孙维刚，就是诗人臧克家曾经热烈讴歌过的那种虽死犹生的人。孙维刚不仅活在他的学生心中，而且活在他的教育思想里，活在受到他影响的教师的心中和实践中。

1998年，北京市教委发起向孙维刚学习的倡议，并成立“孙维刚教育思想研究基金”。孙老师去世后，根据他的事迹拍摄的专题片《师魂》在全国教育系统播映，引起极大轰动和反响。1998年孙维刚教学研究会成立，在孙维刚老师的主导下，很多老师参与了研究。孙老师逝世后，几十名教育专家、400多名优秀教师参与研究，不断分析、总结和提炼孙维刚教学经验背后的科学规律和运用的操作方法，希望能形成一整套便于推广的素质教育的模式和方法。广东一位阅历丰富的数学教师，在孙维刚生前就曾追随他做数学教学研究，在孙老师去世后，又锲而不舍地进行了长达10年的潜心钻研，创立了基

⑤新华网：“送别人民教师孙维刚”，2002年1月25日。
⑥互联网：“孙维刚老师怎样教数学”。
⑦孙维刚：《孙维刚谈立志成才》，北京大学出版社2006年版。

于孙维刚数学教育思想的培训事业，并影响带动一些大学毕业生，以数学培训教学作为自己的职业选择。

无私忘我，留得青山映夕照，为学生，为后人树立了鞠躬尽瘁、死而后已的完美形象。有人质疑，孙维刚在患癌之后，如此拼命地进行教学实验是否合适？学校领导支持孙维刚这样做是否人道？不能说这种质疑完全没有道理，但当我们了解孙维刚如此选择的动机及其背后的价值观、人生观之后，我们就应该对他的选择给予更高的敬意。孙维刚知道，他所罹患的癌症，理想的存活期是 10 年。我们也知道，对一名癌症患者而言，良好的心理状态与顽强的意志力对于治疗是何等重要。孙维刚当然爱惜自己的健康，他在维护学生健康、促进学生体质发展方面，还为我们作出了榜样。事实证明，他的这种生命不息、奋斗不止的选择，不仅是无私的，也是正确的。他不仅创造了教育的辉煌，而且创造了生命的奇迹——以极高的精神生命质量，度过了自己人生最后的 12 年。

因崇高而得永生——这就是好教师孙维刚给予我们的教育与人生的启示。

# 教学有道 第三部分

JIAOXUEYOUDAO

ZHONGGUO HAOJIAOSHI

# 中国好教师 于漪

YUYI

“我深感肩上挑着千斤重担，一个肩膀挑着学生的现在，一个肩膀挑着国家的未来。今天的教育质量就是明天的国民素质，我不敢有丝毫懈怠。”

# 生命与使命同行

◎计 琳

当非“科班”出身的她第一次走上语文教学的讲台，从“不得门径”到“登堂入室”，倔犟的她用“明灯相伴过午夜”的板凳功，走出了属于自己的语文教学之路。

面对着动荡岁月中百废待兴的校园，面对着朋友声声“改行”的劝说，饱经风霜与创伤的她毅然选择重返讲台，因为她说：“教师一个肩膀挑着学生的现在，一个肩膀挑着国家的未来。”

在民办教育机构60万元年薪的“诱惑”下，已经退休的她不为所动，甘愿坚守寒窗、无私奔走，为语文改革奋笔疾书、为育人事业呐喊呼吁。

手捧全国教书育人楷模的奖杯，81岁高龄的她激情依然。“全国和上海教育规划纲要都相继出台了，教育事业的又一个春天到了，我还要继续努力。”

于漪，著名语文特级教师，上海市杨浦高级中学名誉校长。

60多年中，她几乎赢得了党和政府所能给予人民教师的所有荣誉，但却不改初衷，始终“一身正气”站在教育改革最前沿，不为名利所羁绊、不因掌声而止步。

她的故事平淡、朴实，没有太多的跌宕，有的只是平静的坚守和不变的衷肠。然而，当我们寻着她的足迹去探源中国教师的成长之路，去追问中国教师应有的灵魂与脊梁时，却不由感慨：那穿越了一切功名、利害和得失的师德师魂，那在砥砺与觉醒中不断超越的理想之路，是多么震人心弦，叫人难以忘怀。

## 为师：“站上讲台就是生命在歌唱”

作为上海首批语文特级教师，于漪的课几乎堂堂都是公开课，她关于语文学科“工具性与人文性统一”等理念被写入国家课程标准，她“教文育人”的思想更对推动语文教学的发展产生了重要的影响。

从连语文之“门”都摸不着的普通教师，到中国语文教学界的一面旗帜，于漪成功的秘诀其实非常“简单”，甚至有些“傻”——每堂课都会用一二十个小时准备，即使在教了几十年书后仍然坚持每课写教案和“教后记”；为了在课堂上做到“要言不烦，一语中的”，课后必留下自己的“废话记录”，反复自省改进；即使同一篇课文，也决不用同样的方法教第二遍，因为“文章是旧的，但学生是新的”……

在于漪看来，做好一名“合格”的教师并不容易，因为这“格”不是用量来衡量的，而是国家的要求、人民的嘱托。“每一堂课的质量，都影响着孩子生命的质量。站上讲台，我就要用生命来歌唱。”

许多青年教师常常好奇：“为什么非语文‘科班’出身的于漪老师能在语文教学领域取得如此大的成就？她的秘诀在哪里？”

64年前，当于漪从复旦大学教育系毕业，第一次走上上海市第二师范学校（现杨浦高级中学）的讲台时，她甚至不敢去想“成就”二字。在一堂讲解小说《普通劳动者》的课后，教研组长对于漪的批评毫不留情：“语文教学的大门在哪里，你还不知道呢!”

“那犹如是五雷轰顶，”往事历历在目，“但这句话激励了我一辈子。”于漪说。倔犟的她将挫折当作成长的动力。“当时我暗暗对自己说‘我一定要做一名好老师，我不仅要找到语文教学之门，而且要登堂入室。’”

于漪，出生于江苏历史名城镇江，历代诗人墨客沈括、苏轼、陆游、辛弃疾等都曾在此留下了千古传诵的名篇。金焦二山秀丽的景色和“满眼风光北固楼”不仅给了于漪良好的熏陶，更在她的血液里埋下了坚韧与进取的种子。

为了实现“做一名好老师”的目标，先天体弱的于漪克服了胃溃疡、肝炎、腹部大手术、脑缺氧、血尿等一系列疾病的困扰，白天站在窗外，看其他教师怎样上课；晚上啃着从图书馆里搬来的一厚叠参考书仔细琢磨，挑灯夜读到天明，并且在3年不到的时间，自修完成了大学中文系的全部课程。

“硕学为师，洁身作范”是当年复旦大学老校长苏步青对于漪的评价。而她自己则说：“要课堂充满激情，教师首先得燃烧自己。”

她是这样说的，也是这样做的。在于漪给自己立下的规矩中，每一条都近乎“苛刻”。

上海市教育功臣顾泠沅曾总结：于漪备课第一遍是撇开任何“教参”逐字逐句写教案，第二遍是搜罗所有“教参”改教案，第三遍边教边改，根据上课的不同情况，整合新的体验再度重写教案。改行3年就成为语文骨干教师，她的成长过程很好地体现了“实践+反思=成功”的教师发展“公式”。直至今天，对于教了半个多世纪语文的于漪来说，一些经典课文可以说是滚瓜烂熟了，可每次上课前她还是会把课文仔仔细细地重新备一遍。“老师会像一名师范生一样，每课必写教案，每课必写教后记。”于漪的学生、原上海市教委教研室主任王厥轩不会忘记，“每次老师都会笑着对我说‘这叫一步一陟一回顾’。”

一位年轻教师曾随堂跟踪听了于漪 3000 多节语文课，听完后她惊叹不已：“于漪老师从来不重复自己，即使是同一篇课文教第二、第三遍，也绝对不重复。”“文章是旧的，但学生是新的，理解怎么可能一样呢？”这就是于漪的回答。

回想恩师那郊寒岛瘦似的苦心孤诣，于漪的弟子、特级教师谭轶斌更是感慨不已：“当我真正走进语文教学时才明白，为什么那时候于老师极力反对我们在备课时先看教学参考书，而是拼命鼓励我们要沉潜到课文中，要反复读、反复读、反复读，读出属于自己的原汁原味的理解。教学参考书毕竟是别人的劳动，只有自己的劳动所得才是带着生活露水的鲜花，是你自己的心得，学生才容易和你交融。教育事业是创造性的事业，只有教师教出自己个性的时候，才是学生收获最大的时候。”于漪的这些道理朴实无华，但却润物无声，深深地烙在了课堂上，印在了学生们的心里。

“出口成章，下笔成文”是于漪给自己立下的又一目标。

那是 50 多年前的一天下午，学校请来一位同志作报告，报告结束后，于漪和学生边走边谈，一名调皮的男生说：“这讲座好什么啊，除了 150 多个‘这个’，其他什么也没听到。”于漪愕然了，没有想到语病有那么大的危害，把讲述的内容也掩盖了。反思自己的课堂教学，于漪为自己定下了课堂教学“丰而不余一言，约而不失一词”的“规矩”。

于是，每次上课前，她都会把上课的每一句话写下来，然后自己修改，把不必要的字、词、句删除，把不合逻辑的地方改掉，然后，背下来，最后，再口语化。这样一来，啰唆、重复、语病就大大减少了。

每次课后，于漪都会写下自己的“废话记录”，记下自己的不足，记下课堂的感悟，记下学生的闪光点。有时候，学生能够超水平发挥，提出一些超出备课时想象的问题，于漪也都把它们一一记下。反复地锤炼令于漪的课堂教学达到了“要言不烦，一语中的”的境界。连著名语言学家张志公也不由感叹：“于漪教书简直教得着了魔!”

伴随着“一丝而累，以至于寸；累寸不已，遂成丈匹”的“笨”功夫，于漪终于在语文教育的茫茫田野中找到了属于自己的路。

1977年10月19日，金秋。上海电视台第一次向全市直播中学教师向学生教授语文课的实况，于漪的公开课《海燕》不仅在大上海引起轰动，就连江浙一带看到电视的教师和高教界也在纷纷谈论于漪与她的《海燕》。人们对教育的关注，对语文教学的关注，增添了于漪探索语文教学的前进动力，促使她开始从经验与感悟走向理性与科学，并形成了特有的教学风格与教育思想。

1978年，于漪提出“教文育人”的思想，即以“全面发展的人”为培养目标，构建了以“思维训练”为核心的语文教育理论；20世纪80年代初，于漪提出了“不能把语文课简单地归结为工具课，而应该注意这门课程的思想性”；80年代中后期，于漪又开始思考语文的文化内涵，阐释语文教育中综合培养学生语言能力、思想素质、道德情操和文化素养的问题；90年代，于漪的《弘扬人文，改革弊端》和《语文教学要讲求综合效应》等论文引发并推进了一系列关于语文教学的讨论：1996年，于漪倡导“弘扬人文”的主张，引发了全国范围的对语文性质观的反思，促进了语文学科从应试教育向素质教育的转变；21世纪初，她提出的语文教学“人文性和工具性的统一”等理念被写入了国家课程标准……

“不能千课一面”“要胸中有书，目中有人”是于漪最常说的话，如何在课堂教学中“育人”是她想得最多的事。她不断探索把以“教”为主的课堂教学立足点转变为以“学”为主，把教师与学生的单向型联系转变为教师与学生、学生与学生、学生与教师的多向型联系，使课堂真正成为学生锻炼听、说、读、写能力与发展智力的场所。将“教书”与“育人”紧紧融合在一起，将勤奋与反思渗透在教学生活的每一天，令于漪的语文教学洋溢着智慧与人文的光芒。

在给贵州边远山区一位中学语文教研员写的信中，于漪曾动情地写下这样一句话：“我上了一辈子课，教了一辈子语文，但还是上了一辈子深感遗憾的课。”正是这种“永不满足”的精神，促使两鬓斑白的于漪不断地攀登着新的高峰，实现着自我的超越。

## 为人：“教师首先是个大写的人”

于漪的人生之路充满着崎岖，15 岁时父亲病故，求学之路一波三折，“文革”中挨斗、挨批、挨打，一生疾病缠身。但她，却将人生的坎坷与不幸埋在了内心深处，而将一片丹心给予了教育，将真善美的种子撒向四方。

她爱学生、爱青年教师、爱身边每一个人。

特级教师津贴 30 多年来她一分未拿，全部资助了学生，而一直到她的儿子工作，她都没舍得给他买过一双皮鞋；帮助初出茅庐的青年教师是她最愿意做的事，哪怕与他们素昧平生，她说："能当一块垫脚石，我终生有幸。"

她用最博大的爱和最朴实的教诲创造了一个又一个"奇迹"：作为班主任，她将最差、最乱的班级带成了先进集体；作为校长，她让名不见经传的学校成为了数一数二的全国先进；作为"导师"，她培养了三代特级教师，还培养出了一批全国知名的教学能手。

岁月流逝，这些故事永远不老，那穿越时空的光芒，运行人生的力量永远留在了学生们的心中，滋养后来者的心灵。

粉碎"四人帮"，当她又能工作时，许多人劝她改行，而饱经风霜与磨难的她却选择坚守讲台。于漪说，她始终记得母校镇江中学的校训——一切为民族。"教师一个肩膀挑着学生的现在，一个肩膀挑着国家的未来。如果青春可以重来，我依然会选择这个太阳底下永恒的事业。"于漪说。

刚复课，学校的门窗、课桌椅残破不堪，叫于漪带的班更乱得不成样子。打架、逃课是家常便饭，进教室看到的第一个"节目"是黑板上抹着大便。于漪开始了挨家挨户的访问，一次、两次，甚至十次；每次遇到学生患病无钱医治，学生视力差无钱配眼镜，她都会毫不犹豫地挤出微薄的收入帮助学生；带学生参加秋收劳动，学生半夜生病，她背起学生顶着寒风，沿着大河，走了 10 多里……

艰难的岁月给予了于漪更执著的信念和更透彻的目光，她说："情感上的事来不得半点虚假，只要有一点杂质，总会不知不觉地流露，只要真正把学生放在心上，就会超越自己，从而释放出巨大能量来。”

大育有声，大爱无言，在老师的感召下，学生们一个一个重新回到了课堂，于漪带教的乱班个个“脱胎换骨”，恢复高考后的首届，两个快班的考生更以全部考进大学的优异成绩回报了老师的深情。

博大深厚的爱融化了坚冰，温暖着无数的心。30 多年中，于漪的特级教师津贴全部资助了学生，“不仅如此，她还常常出钱替学生购书，帮学生解困”，谭轶斌就曾谈起过这样一件“小事”。一天，她给于老师去电话，是于老师的先生接的。他不经意间说起于老师到助学中心送钱去了，原来于老师多年来一直在资助一些困难学生。而于老师回家后给谭轶斌回电话，却极为罕见地“说谎”，说自己刚才去了超市。

只有谭轶斌知道，对学生总是异常慷慨的于漪，生活却十分节俭，儿子一直到工作都没穿过皮鞋，自己的衣服缝缝补补穿了多年也舍不得买件新的。

在于漪服务了一辈子的上海市第二师范学校科技楼的墙上，清晰地写着八个大字“一身正气，为人师表”。在她的徒弟们眼中，这正是对老师最好的写照。

上海市市北中学校长、语文特级教师陈军记得，1997 年，他刚从安徽来上海时，工作没有衔接好，孩子语言不通，妻子又意外受伤，在最困难的时候，是于漪老师多方打听，将他们一家请到了家中。“那年元旦，于老师还亲自下厨为我们做了一顿丰盛的晚餐，那真令我终生难忘。”2002 年，陈军参评特级教师意外落选，百般失落时，又是于老师拎着水果和床单来看望，“老师没说什么，但我知道，一切尽在不言中。”

上海市浦东新区教育发展研究院院长、语文特级教师程红兵更不会忘记，

1996 年学校和浦东新区报他为特级教师，当时的程红兵只有 35 岁，评审时有人以他年纪轻、刚评上高级教师不久等诸多理由为据，提出异议。是于漪老师慷慨陈词、力排异议，鼓励给年轻教师施展才华的舞台，使得程红兵成为了那时上海最年轻的特级教师。“先生与我非亲非故，何以如此提携我？于老师深情地告诉我，推你上去，绝不是为你个人，这是事业的需要。我们已经老了，事业应该后继有人，新世纪需要你们一代人支撑。我当时听了心里涌起一股热流：这是怎样的一种境界？怎样的一种胸怀？”程红兵感慨道。

于漪常说：“一个人的精力是有限的，我们的教师队伍一定要有团队，作为一块垫脚石，我能够给大家垫一步，这是我终生有幸。”“无论对学生还是对教师，关键是要以人为本，要发现每个人的长处，发挥他们的最大价值，否则就是对人才的不负责任。”所以她总是想方设法为青年教师搭建平台，把他们推向前台。

而辛勤的汗水，终将在心灵中结果。

在半个多世纪的从教生涯中，于漪作为班主任、年级组长，摸索出了一套做学生思想工作的方法，将最差的班、最乱的年级，带成了上海市的先进集体；作为校长，她提出“两代师表一起抓”“一个心眼为学生”，第二师范复校几年就获得了“师范教育先进单位”称号；从 20 世纪 80 年代开始，她先后培养了三代特级教师，共“带教”100 多名全国各地的青年教师，其中涌现出了一批像程红兵、陈军、陈小英、王缨、谭轶斌、朱震国、黄荣华、费秀庄、陈爱平、兰保民、孙宗良等知名的教学能手。

每年的大年初二，是于漪老师最为幸福的日子，那一天，她家会被昔日的学生挤得满满的，多的时候有上百人。于漪说，那就是她的教师节，她是世上最富有的人。

## 为学：“一辈子做教师，一辈子学做教师”

这是于漪的生活状态。织毛线、绣花、煮饭、纳鞋底，她样样都在行。在她看来，生活中处处都有美的启迪和心的共鸣；她热爱古典诗词、中国书画、国粹京剧，也研究流行歌曲，关注时尚资讯，在她眼里，“功夫在诗外，教师身上要有时代的年轮和丰富的智力生活”。

这是于漪的生命姿态。86 岁高龄的她，依然在为育人的事业铿锵行走、奋笔疾书、呼吁呐喊。当新课改启动、当教育功利化的现象显现、当语文教学徘徊不前时，她的谏言从不缺位。

这位耄耋之年的开拓者总是在和时间赛跑，而她也用自己的行动扩展着生命的广度和宽度，用希望燃起了更多的希望。

于漪曾为她的《语文教学谈艺录》拟过一个小标题，叫做“跑步前进”，总是赶着和时间赛跑，正是年过 80 的于漪一以贯之的生活态度。

“活到老，学到老。”60 多年的教育生涯，她没有一天停止过对教育的探索。“我深深体会到教育的生命力在于教师的成长，而教师的真正成长在于教师个人的内心觉醒，我为什么说一辈子在学做教师呢?我就是一直处在这样的觉醒过程当中。”

在于漪眼里，做一名教师需要不断拓展视野，只有学习才是生命的朝阳。孙宗良告诉记者，于漪喜欢画，“文革”期间，她虽然受到很大的冲击，但是每逢有高水平的画展，她都坚持去看。她喜欢罗中立的《父亲》，喜欢李可染的《万山红遍》，喜欢董希文的《春到西藏》。从艺术作品中，于漪不仅仅得到了美的熏陶，同时汲取到对抗人生苦难、创造美好生活的精神力量。

于漪也深爱国粹京剧。读大学时，她就是复旦大学学生国剧社的社长，还曾登台演唱《女起解》《鸿鸾禧》等经典剧目。

对生活发自内心的热爱和对真善美矢志不渝的追求，荡漾成了美不胜收的生活画卷和教育风景，丰富着于漪的心灵与课堂。从京剧艺术“手眼身法步”的“五法”中，她领悟到了教学手段同样要丰富多彩，自成章法；从板式转换和衔接中，她体会着课堂结构的节奏性和连贯性。“艺术的本质就是美。对于真善美的东西，我从来都是倾心向往、矢志追求的。只有爱美的人，才能创造美好的生活，才能在教育园地里弹奏出美的乐章。”于漪说。

对于现代流行的事物，于漪同样充满了好奇与兴趣。

教育界有一个比喻，“给学生一杯水，教师要有一桶水”。于漪就不太同意，“教师的这桶‘水’需要不断更新，因为学生是活泼的生命体，不是简单的‘容器’。课堂里若没有时代活水流淌，又如何能与学生心灵碰撞?”

于漪始终相信，只有“知心”才能“教心”，令上海市第十中学副校长任其斌老师印象深刻的是：为了和学生的心弦对准音调，提高教育的效果，于漪做了大量艰苦的工作。为了弄清楚现在的中学生为什么崇拜周杰伦，她专门研究了《菊花台》《青花瓷》《双截棍》等歌曲，她发现周杰伦的创作才能以及歌曲中东方古典文化与现代摇滚的结合才是学生们喜欢的原因；为了解决一名篮球迷学生上课开小差问题，她关注篮球运动，并观看学生参加的比赛，敞开思想与其论球、评球……

于漪喜欢辛弃疾和陶渊明的诗词，喜欢那“白发空垂三千丈，一笑人间万事”的少年英迈之气到老不衰，也喜欢那“采菊东篱下，悠然见南山”的“质性自然”。

诗言志。这样的情怀深深融在于漪生活的每一天。

近年来，于漪老师每年都准备一本专用的挂历。挂历上，几乎每一个日子都画上了圈。在许多个格子里，她要画两个甚至更多的圈。但这远不是全部。徒弟们心疼地告诉记者，在那些圈圈没有覆盖的早晨与夜晚，她还要审查从小学一年级到高中三年级整整 12 个年级的全部语文教材和教学参考资料；她要培养青年教师，于漪语文名师基地、语文学科德育实训基地都是她在亲自操持；她要读很多文章并且给出判断，包括研究生、博士生的论文；她要审阅很多专著，许多人期盼着她的指点，渴求着她写的序言；她要接很多电话，接待很多访客，甚至还有素不相识的家长慕名来求助……这是一个耄耋老人的工作状态，多到有时让人无法相信：她怎么做得过来？但她都做下来了。“你还以为你 18 岁啊?”每当这时，她的先生常常心疼地抱怨。

退休后的于漪更是竭尽全力地关注着中国教育的变化与发展，倾力写下几百万字著作，并在各种场合大胆谏言——当新一轮课改刚刚启动，一些专家对课改的必要性提出质疑时，于漪立刻呼吁：以课程与教材改革为核心的基础教育改革，已经成为世界的潮流；当教育功利化的现象愈演愈烈，家长忙于带孩子参加各种各样的补习班，学校忙于抓学校的升学率的时候，她又形象而精辟地提出了“育人”和“育分”的理论，坚定地提出了“教在今天，想在明天”的理念，呼吁要让学生从过重的课业负担和重智轻德的重围中“突围”；当语文教育研究争论不休的时候，常常又是她登高一呼，振臂一挥，一锤定音。

这样的鼓与呼，是于漪老师生活的常态。正如她所相信的那样：“只有把个人的生命融入时代洪流中，只有把个人的生命传承于学生的生命中，你才是永远年轻的。”

ZHONGGUO HAOJIAOSHI

# 中国好教师 顾泠沅

GULINGYUAN

虚心强骨，道冲不盈；和而不同，为而不争；勤而习之，宠辱不惊。

——顾泠沅的座右铭

# 从“青浦经验”到“行动教育”

◎刘克军 姚国云 刘克耘

在改革开放初期，他在上海郊县领衔创造了中国数学教育的“青浦经验”；在对中外教育的比较研究中，他独具慧眼，发现了广受认同的“中西方教育的中间地带”；面对课程改革中普遍存在的“两个落差”现象，他领导了教师“行动教育”的实验，开校本教研之先河，为解决教师培训这个长期困扰国内外教育界的难题，作出了贡献……如果要用一个文学词汇来形容顾泠沅影响深远的教育研究成果，或许可用“金声玉振”：“集大成也者，金声而玉振之也。金声者也，始条理也；玉振者也，终条理也。”[①]“金声玉振顾泠沅”，这就是他给这个教育大变革的时代留下的鲜明印记。这个印记还在不断加深之中。

## 领衔青浦数学教学改革

1967年毕业于复旦大学数学系的顾泠沅，次年被分配到上海郊县青浦县任中学数学教师，1972年调入青浦县教师进修学校任教研员。正是在教研员这个特殊的教师岗位上，顾泠沅创造了非凡的业绩，为我国的基础数学教育改

①《孟子·万章下》

革作出了重要贡献，成为从带着泥土芳香的课堂教学研究中成长起来的具有国际影响力的数学教育家。

1977年10月，在全国恢复高考前夕，顾泠沅组织了一次对全县4373名中学毕业班学生的数学基础知识摸底测试。测试的结果令人震惊：总平均成绩11.1分，及格率仅2.8%，零分比率高达23.5%。[②]面对这惨不忍睹的成绩，顾泠沅的心灵受到了极大震撼。这种震撼催生了顾泠沅卧薪尝胆，“十年生聚，十年教训，彻底改变青浦教育落后面貌”的决心与行动。

顾泠沅领军的数学教学改革实验小组，在青浦县教育局的大力支持下，实施了雄心勃勃的十年教学改革计划：调查研究（1977.10—1980.3），实践筛选（1980.4—1881.8），教学实验（1981.9—1984.8）和推广应用（1984.9—1987.8），形成了具有里程碑意义的“青浦经验”。青浦县数学教改实验小组的研究专著《学会教学》于1991年12月出版发行，成为指导数学教学改革的经典之作。

在38年后的今天，我们来看顾泠沅的青浦实验，犹如眺望一座曾经从它的脚下经过，而又未充分领略其雄伟的高山，顿生无限的感慨。让我们先把目光聚焦于顾泠沅1985年的一段自述，去领略顾泠沅实验小组严谨的研究态度，去感悟他们以改革教育报国的赤子情怀。

“在史无前例的‘文革’年代，我县一些有志于事业的数学教师曾从不同的侧面试图改变落后状况。可是，几经周折，终因无法摆脱动乱浩劫之难，苦无建树。直到20世纪70年代后期以后，历史才给我们以机会。在县教育局的重视和关怀下，从1977年10月起，我们有组织、有步骤地做了3年教学调查，一年筛选经验，接着又在青浦中学等5所不同类型的学校中，进行了为期3年的实验研究，然后总结成《改革数学教学的一项实验研究》一文；自1984年9月至1987年10月，我们将研究成果在全县推广，期望大面积提高教学质

② 沈兰、郑润洲：《变革的见证》，上海教育出版社2008年10月第1版，第5页。

量……我们集中全县数学教师的创造智慧，逐步发展完善了一种经验筛选的研究方法，从而较大程度地提高了工作效率……教学研究周期之长，探求因果关系时实践与思索之苦，对于我们来说，经历了新的体验。”

在既缺乏必要的基础理论准备，又没有现成经验借鉴的情况下，顾泠沅选择了“把教学改革实验建立在大规模调查研究的基础之上”的道路。顾泠沅带领实验小组成员，走遍了全县各乡镇中学，采取长期蹲点，解剖“麻雀”的办法，从四个方面展开深入地调查研究：调查基础教育的关键期，决定工作重点；厘清教学中存在的主要问题，明确研究方向；明确学生学习的特点，分析成绩分化的原因；收集有效教学经验，寻找针对性措施。[③]通过这种堪称艰苦卓绝的“田野调查”，他们积累了大量的原始教学经验，为后续的实验研究奠定了坚实可靠的基础。

在实践筛选阶段，顾泠沅实验小组采用每周用半天时间汇总情况，制订计划，用 5 天时间听课评价，以检验从实践中获得的经验的扎实方式，往复循环历经 50 次，从最初的 160 多条经验中筛选出四条行之有效的基本经验：激发兴趣，让学生在迫切需求之下学习；处理内容，组织好课堂教学层次、序列；改进方法，在讲授的同时辅以尝试活动；加强反馈，根据学习效果及时调节教学。在总结经验的基础上，他们进一步归纳出青浦县大面积提高教学质量的教学结构，这种教学结构包括具有层次性的五个环节：把问题作为教学的出发点；指导学生开展尝试活动；组织变式练习，提高训练效率；归纳结论，纳入知识系统；根据教学目标分类细目，及时回授调节。此后，他们又对青浦数学教改的研究成果向理论深层开掘，揭示出有效学习的四条基本原理：情意原理；序进原理；活动原理；反馈原理。[④]

“青浦经验”是从课堂教学的实践中归纳出来的，更是从严谨科学的实验

---

③④ 沈兰、郑润洲：《变革的见证》，上海教育出版社 2008 年 10 月第 1 版，第 10～76 页。

中创造出来的。顾泠沅的实验由一个主实验和三个辅助实验组成。一个主实验是运用“尝试指导”和“效果回授”等心理效应改革数学教学的实验，以验证在筛选中形成的经验系统在教学过程中的实际效果，以及在不同类型的学校、不同程度的班级中运用这些经验的可行性。三个辅助实验分别是：“尝试指导”和“效果回授”的两因子实验；利用主观判据对课堂教学进行评价的初步实验；用“出声想”方法评价学生解题思维过程的实验。[⑤]

实验班的教学方法是将教材组织成一定的尝试层次，通过教师指导学生尝试学习，同时还注意回授学习的结果，以强化所获得的知识和技能。这种教学方法大致可包括“诱导—尝试—归纳—变式—回授—调节”等步骤。上述六个步骤不是固定的，而是要根据学生实际和教学内容灵活取舍地运用。六个步骤中，尝试学习是中心环节，包括探究知识和变式练习两个方面。创设问题情境、启发诱导，是为学生尝试创造条件。概括结论、纳入知识系统，是将学习所得的知识更加明确化和结构化。回授尝试效果、组织质疑和讲解，以及阶段教学效果的回授调节，则是为了进一步强化学得的知识和技能，提高尝试学习的效果。

“青浦经验”在本学科内的传播，使青浦县的数学教学质量得到大幅度提高，青浦县的数学教学质量从20世纪70年代的全市最低水平开始逐年稳步提升，1986年全县初中毕业生升学考试的成绩，与1979年比较，平均成绩由32.5分提高到79.2分；合格率从16%提高到85%（全市合格率为68%），80分以上的学生比率为62%（全市80分以上的比率为42%）。[⑥]数学教改经验的跨学科传播与整体发展，经历了各科迁移，诸育并进，内化数学教改经验；从改革教学方法到改革课程教材，扩展数学教改成果；实验性学校典型示范，初步形成“活动—发展”的实验教学新格局等过程，大面积地提升了青浦县的教育质量与品质。

⑤⑥ 青浦县数学教改实验小组：《学会教学》，人民教育出版社1991年第1版，第9～13页。

在课堂中生长，在实验中成熟的“青浦经验”，一经问世就产生了轰动效应。国家教委对青浦经验十分重视，由基础教育司邀集数学教育界专家和部分省、市教研室负责人，组织了“青浦县数学教学改革经验专家研究小组”，于1990年10月赴青浦县进行了实地考察。专家研究小组在提交的研究报告中，对青浦经验给予了这样的评价：“青浦教改实验小组提出的经验（或原理）充分揭示了数学教学中，系统基础知识的教学与发展智力、培养能力的关系；教师主导作用与学生主体精神的关系；认知过程与情感过程的关系；新知与旧知的关系；接受性学习与活动式学习的关系；以及反馈与控制的关系。它们是符合数学教学规律的，对学生的知、情、意、行的全面发展是十分有益的。”专家研究小组一致认为：“青浦教改实验方向正确、基础扎实、效果显著，其经验内容丰富，具有较广泛的适用性，可以而且应该在全国推广。”⑦

顾泠沅主持的实验，坚持以学校尤其是课堂中的教师和学生为实验对象，建立了在教育科学范式的约束下，由研究者和实践者共同参与的科研共同体，使研究进入实际教育过程的深层领域，大幅度提高了教改实验的有效性和可靠性，为我国的教育实验研究树立了一个光辉的范例。美国“掌握学习”的倡导者布卢姆对顾泠沅这一改革成果给予了充分肯定：“你在东方做了10年，我在西方做了40年，所得到的结论几乎是一致的。”⑧

课堂是学校教育的细胞，教学的奥秘就蕴藏在课堂之上。身为教师，只有用“显微镜”看透了课堂教学纷繁的现象，才有可能借助“望远镜”看清教育改革正确的方向。“青浦经验”之所以难能可贵，产生了巨大而持久的影响，就在于它的研究者把研究之根扎在课堂，使真正的教学实验成为教育思想不绝的源泉。由顾泠沅我们想到了佐藤学，那位同样把教育研究之根扎在课堂，在日本国内外听课上万节的日本教育学者；想到了窦桂梅，这位在

---

⑦沈兰、郑润洲：《变革的见证》，上海教育出版社2008年第1版，第83页。

⑧陈亦冰、沈祖芸：“寻找中间地带——走近顾泠沅”，载《中国教育报》2004年12月24日。

教学之初为提高自己的教学能力，听优秀教师的课达 2000 余节的著名特级教师。他们实事求是的精神、虚怀若谷的态度与扎实有效的方法，永远值得后来者学习效仿。

## 发现中西方教育的中间地带

一个悖论，“中国学习者悖论”，一直困扰着有志振兴中国数学教育的人们。

“自 20 世纪 80 年代以来，在有关中国数学教学和学生数学学业成就的国际比较研究中，一直重复着矛盾的结果：一方面，许多研究表明，无论是国际数学教育成就调查还是国际奥林匹克数学竞赛，中国以及东亚国家中小学生的成绩都优于西方学生；另一方面，许多西方研究者发现中国的学习环境不太可能产生‘好的学习’。这种矛盾的情况被称为‘中国学习者悖论’。”顾泠沅对这个悖论进行了深入研究，提出了一个独到的见解：“中美两国教育之间，可能存在一个中间地带。双方可以基于各自的本土文化，相互借鉴、取长补短，用以改进本国的教育教学。”

顾泠沅认为，美国课堂以学习兴趣为中心，粗犷而放达，犹如学游泳，直接把孩子丢在水里，让他们在自我体验中增长才干；中国课堂围绕课本知识而展开，细腻中见扎实。各有千秋，两边的月亮各有其自身的阴晴圆缺。他认为中美两国在学生的创造性和实践能力培养方面存在明显差异，中美两国的基础教育需要相互学习，创造性教育和创造性学习需要跨学科专家和社会的广泛参与。

顾泠沅系统地分析和综合了变式教学的概念，确认和说明了两种变式：“概念性变式”和“过程性变式”。从变式教学的角度对中国课堂进行分析，有助于解读中国学习者悖论。顾泠沅认为，正是通过恰当的变式教学，才使得中国数学课堂教学成为有意义的学习；也正是对变式教学的不恰当应用，使数学课堂成为被动灌输和机械操练。正所谓“成也萧何，败也萧何”，关键在于度的把握。在《我与马顿》这篇短文中，顾泠沅精辟地阐述了他的观点：“现在人们开始明白，知识有两重性，即概念性和过程性，在变化的过程中产生新的概念，概念发展后必然产生新过程，所谓螺旋循环、交替上升。概念性变式早已有之，那就是‘有比较才有鉴别’；过程性变式却是中国教师的创造，讲求知识、经验的转变和来龙去脉，探寻任何复杂与简单之间的演变关系，清除机械重复之腐朽，而取融会贯通之大巧。”⑨

1999年6月，美国卡内基教学促进基金会主席李·舒尔曼率团访华，与上海市教育科学研究院联合举办了“中美数学教育高级研讨会”。作为大会执行主席的顾泠沅在会上首次提出了“寻找中间地带”的观点。这一观点最终成为中美双方与会代表的共识。2000年，顾泠沅随国家教育发展中心回访美国卡内基教学促进基金会。回国之后，他又用了近两个月时间，加工完成了7万余字的美国基础教育访问考察报告。美国之行，进一步坚定了顾泠沅“寻找中间地带”的信念。顾泠沅认为，也许中美双方的教育都到了一个需要认真反思的转折点，审视双方的教育优劣，以本国的传统优势为基点，结合双方优点，进而消除两者的缺点是“中间地带”的内涵。以我国的基础教育课程设置为例，顾泠沅建设性地提出了“增加课程的可选择性”“拓宽创造性学习的课程渠道”等具体方案，以期培养中国学生动手操作的实践能力和创造力。而鉴于这类教学对我国中小学来说相对陌生，因此适当借鉴美国中学的“项目学习”经验很有必要。⑩

顾泠沅的“寻找中间地带”论，为我们开阔教育视野，摆脱认识上的两极误区，在借鉴中发展自己，在坚持中完善自己，提供了理论上的支持。有论者这样

---

⑨沈兰、郑润洲：《变革的见证》，上海教育出版社2008年第1版，第149～159页。

⑩陈亦冰、沈祖芸：“寻找中间地带——走近顾泠沅”，载《中国教育报》2004年12月24日。

评价顾泠沅的这一理论：“‘寻找中间地带’，不仅是当今国际教育教学改革的大趋势，也是整个教育改革的大策略。寻找中西方教育的中间地带，不是简单地折中，而是以中国文化和本土经验为基础博采众长。因此，‘寻找中间地带’是一种智慧，一种不走极端而达到集大成的智慧。”⑪诚如所言，植根优良的传统教育文化与经验，放眼世界教育发展创新的大势与技术，在结合处下工夫，在运用上求实效，在发展中去创造，的确是我们在进行教育改革时应该坚持的方向。

## 创立教师在职教育新范式

21 世纪国际教育委员会认为，“教学质量和教师素质的重要性无论怎样强调都不过分”，因此，“提高教师素质与动力是所有国家优先考虑的问题”。怎样持续地提高教师的素质与动力？在这个事关教育根本的问题上，顾泠沅用自己的研究与实践，提供了实际的解决方案。

2002 年，在距离 1977 年这个创造“青浦经验”的时间起点 25 年，在离开工作 30 年的青浦调入上海市教科院工作 4 年之后，顾泠沅带着新的团队，怀着新的使命，回到他的教研“根据地”——青浦。重拾当年的“田野调查”精神，他们走进学校，了解教师发展的需要；走进课堂，实验新的教学方案。那里的老教师说，“当年的数学教改实验小组又回来了。”回来是为了新的出发。新的出发的目的地是创立教师在职教育的新范式。

在推进教改的过程中，顾泠沅发现教育中普遍存在的“两个落差”现象，即从课程的指导思想到教材编制和教学设计的落差，从教材编制和教学设计到课堂实践的落差。经过这两个落差的“筛滤”，先进的教学理念进入课堂后往往就所剩无几了。⑫如果不能有效解决这“两个落差”的问题，教学改革就难以为继。审视国内外在职教师教育模式存在的诸多问题，顾泠沅提出了以下改

⑪⑫ 陈亦冰、沈祖芸：“寻找中间地带——走近顾泠沅”，载《中国教育报》2004 年 12 月 24 日。

进的对策：首先，同伴互助、合作反思，离不开专业理论的引领，唯其如此，才能使互助、反思的内涵得到本质的提升。其次，教师职业不同于建筑师、工程师、医生，“同样的教案（案例）不能复制出同样的效果”，因此，教师的案例讨论还要辅之以行为跟进，还应包含行为自省的全过程反思。最后，对于各有优缺的讲授先行和实践先行这两种教师培训模式，顾泠沅运用中国传统文化中“知行合一”的观点，提出了能取两种模式之长的将课堂改进与理论学习融为一体的教师研修制度（研修一体）。[13]

在综合文献研究、经验总结和对改革实践的深入洞察的基础上，顾泠沅和他的科研团队在青浦这方教改沃土上，培育了以课例为载体，以“专业引领”与“行动跟进”为基本特征的教师教育的“行动教育”模式。这种模式由三个阶段构成：关注个人已有经验的原行为阶段、关注新理念支撑下的新设计阶段、关注学生获得的新行为阶段。承接这三个阶段的是专业引领下的两轮合作反思：一是反思已有行为与新理念、新经验的差距，完成更新理念的飞跃；二是反思理性的教学设计与学生实际获得的差距，完成理念向行为的转移。“行动教育”作为教师教育的新模式由三个要素组成：课例，它是行动的载体；合作平台，研究者与教师的合作主要有课例讨论、情境设计、行为反省；运作过程，整个流程包含了原行为、新设计、新行为三个阶段，其间有两轮反思与调整。这样经过流程的多次往复，达到螺旋式的上升。

研究不免复杂，推广需要简化。为了使行动教育更好地走进学校、服务教师成长，顾泠沅团队进而提出了“一个案例，三次讨论”的行动教育的简化方案：首先一个教师小组，邀请一两位外来的研究者，坐在一起学习有关文献、文件，交流分享各自的认识与体验，首先形成理念高地，然后切入一个课例，寻找现实与理念的差距，设计如何改进以往做法的上课计划；接着按改进的计划上课，同事、研究者听课，课后再坐在一起反省设计方案与实际效果的差

⑬沈兰、郑润洲：《变革的见证》，上海教育出版社 2008 年第 1 版，第 242～243 页。

距，修改上课计划；最后按修改后的计划再上课、再听课，接着再讨论，反思整个过程并写成报告，如此一学期几次，逐步建立“行动教育”的案例库。[14]

顾泠沅痛切地指出：“大同小异的‘经验总结’；名不副实的‘教育实验’；穿靴戴帽的‘教学理论’和急功近利的‘浮躁心理’，是目前教师教育科学研究的不良习惯。教师搞科研要从光滑的冰面走向粗糙的地面。”[15]顾泠沅就是在粗糙的地面上，以“行动教育”为利器，为教师开辟道路的人。加拿大安大略省教育研究院研究员露丝·海霍说：“顾泠沅这种探寻教师群体发展有效途径的研究，是几千年中国传统中最精髓的东西。它体现了中国认识论血与脉的关系，是个人深厚的经验与体验养成的引人注目的实践智慧，它确实为新思想和新发展提供了不竭的动力。”[16]

从顾泠沅的青浦新实验发端的校本研修，由青浦而上海进而推向全国，成为促进教师进步和学校发展的重要方式。“行动教育”是顾泠沅继“青浦经验”之后，对中国基础教育发展作出的又一贡献。如果说“青浦经验”影响的是教师个人的教学行为，那么“行动教育”影响的就是教师整体的职业发展。因为“行动教育不仅注目预期教师培训方式或学习方式的变革，而且更瞩目于再造教师的学习文化——以学习的力量克服平庸。”

如果按照教育的对象与内容来给教师分类，我们是不是可以把教师粗略地分为这样几个大类：一类是“教学生学习”的教师，绝大多数一线教师属于这一类教师；一类是“教教师教学”的教师，教研员等学科教学研究者属于这一类教师；还有一类是大范围地“促进教师持续成长”的教师，他们以自己创造性的研究成果，引领着、推动着教育的实质性发展。这样的教师堪称教师中的大师，顾泠沅就是这类教师的一个杰出代表。

---

⑭ 沈兰、郑润洲：《变革的见证》，上海教育出版社 2008 年第 1 版，第 269 页。
⑮⑯ 陈亦冰、沈祖芸：“寻找中间地带——走近顾泠沅”，载《中国教育报》2004 年 12 月 24 日。

一座高峰的隆起，是地壳运动的结果，有其深层的内在力量的托举。一个人在某一领域取得卓越的成就，能推动一项事业的发展，也是有其特殊的禀赋、能力，还有机遇的。复旦大学数学系 5 年的学习，与后来在华东师范大学在职攻读硕士和博士的经历，让顾泠沅拥有了深厚的数学与教育学专业知识功底。其人生目标是致力于发展中国的数学教育，这为他的事业发展提供了巨大动力。得遇良师，是人生的一种造化。顾泠沅有幸先后受教于三位大师，受到苏步青教授严谨的治学风格，刘佛年教授民主宽容的大家风范，吕型伟教授实在、求实的科学态度的熏染，这不仅是顾泠沅个人的幸运，而且是中国数学教育界的幸运，因为它是数学教研员顾泠沅成为数学教育家顾泠沅的重要因素之一。顾泠沅著述颇丰，但人们看到的只是冰山一角。在 1977 年至 1980 年的 3 年里，顾泠沅和他的教改实验小组，背着铺盖，拿着雨伞，走遍了全县每一所学校，每天晚上，不管白天工作多累，顾泠沅都要坚持把一天的工作与思考、学习与心得整理出来。这一习惯伴随着他漫长的学术生涯，2004 年的一个统计数字可为佐证：从 1977 年起的 27 年间，顾泠沅整理了 96 本专业札记，约 500 万字，没有一日间断。⑰

顾泠沅始终坚守的座右铭是："虚心强骨，道冲不盈；和而不同，为而不争；勤而习之，宠辱不惊。"⑱从少壮时的"不待扬鞭自奋蹄"到年迈时的"老骥伏枥，壮心不已"，顾泠沅始终走在教育改革的前沿。当年百废待兴的国家，旧貌换新颜，已成为繁荣富强的世界大国；当年三十出头意气风发的顾泠沅，今天也年逾古稀，成为青年一代仰望的教育高峰。2004 年在接受《现代教育报》记者采访时，顾泠沅曾寄语青年教师："路在脚下，贵在坚持，抓住今天，把握未来。"⑲今天顾泠沅的改革之路还在延续，我们更应当记住顾泠沅当年的寄语，在课改的征途上奋力前行。

⑰⑱ 陈亦冰、沈祖芸："寻找中间地带——走近顾泠沅"，载《中国教育报》2004 年 12 月 24 日。
⑲ 现代教育报："顾泠沅：'做教育其实就是讲故事'"，载《现代教育报》2004 年 7 月 23 日。

ZHONGGUO HAOJIAOSHI

# 中国好教师 王春易

WANGCHUNYI

“真正挡住我们脚步的是我们自身的习惯，是每个人内心深处多年来形成的根深蒂固的观念……没有人愿意否定它，改变它。而今天，为了学生的发展，我们必须作出改变。”

# 教师专业化成长的榜样

◎徐 慰

“在您的课堂上，我们不仅学到了生物知识，而且学到了对生命的敬畏。”“王老师对我们的影响渗透在举手投足、一言一行之中，她不仅是我们仰止的榜样、向上力，更是我们在最困厄时的精神支柱。”[①]……这些是学生们对她的评语。

“‘新’老师”“‘四两拨千斤’的教改探路者”“让课堂成为梦想开始的地方”……这些是新华社、中央电视台、《人民日报》《光明日报》《中国教育报》等十几家媒体对她的报道。

“真正挡住我们脚步的是我们自身的习惯，是每个人内心深处多年来形成的根深蒂固的观念……没有人愿意否定它，改变它。而今天，为了学生的发展，我们必须作出改变。”[②]这是她自己的感悟。

她就是王春易，一位33岁被评为中学生物特级教师，34岁就获得全国模范教师称号的教育专家。从平凡教师成长为优秀教师，再华丽嬗变为教育专

①李帆：“‘新’老师王春易”，载《人民教育》2011年第17期。

②搜狐教育会客厅：“让课堂成为梦想开始的地方”，2012年11月26日。

家，她成为教师专业化成长的榜样。

## 追求卓越，享受专业成长的幸福

“干了就要干好，这不是一种多高的境界，对于我来说，就是一种性格。”③这是王春易骨子里的信念。

1988年，毕业于天津师范大学的王春易在天津市第五十七中学担任生物老师。工作的第一年教初一，王春易就利用空闲时间将初一到高二的生物教材通读了一遍，并且做了最近5年的生物高考题；从工作的第二年起，她就先在假期把整本书的内容全部备好，到了上每节课的时候，再具体去备这节课的内容，这个习惯一直延续到现在。

对于每一个教案，王春易都是反复、若干遍地手写备课。这节课在所在的知识链中处于什么地位？为新课作铺垫的知识有哪些？容易混淆的地方在哪里？重点如何突出？难点如何突破？……只有在这些问题的思考达到透彻的程度，她的教案才算完成。

王春易非常忌讳平铺直叙的讲课方式，特别注重课堂教学的过渡设计，为的是让学生在听课时有峰回路转的感觉；平时设计完教案后，经常让家人当试讲听众，没有家人配合，就会自己录下来，反反复复听，看看这节课是否讲流畅和透彻了；如果上公开课，常常要写几百页的教案，对板书设计和教学语言的细节，反复琢磨，务求完善。

“打磨一节课的过程，可能感觉特别痛苦。但是经历这个过程后，便会豁然开朗，感觉上升了一个新台阶。”④王春易一遍遍地磨课，执著地追求着每一节课的完美，教学也随之渐入佳境。

③④ 王春易：《从学科教学走向学科教育》，中国大百科全书出版社2012年第1版，第3~6页。

“教师如何去激发学生的兴趣、爱好和钻研精神？首先你得有丰富的学科知识啊。你要是讲起生物知识来，神采飞扬，博学多闻，哪能得不到学生的崇拜和敬仰？哪能不感染他？”[5]这是王春易在教学渐入佳境后的感触。

在王春易的案头，放着大学生物13门课程的全部教材。其中，第一版的教材，已经被她读得发黑，书上全是密密麻麻的心得；为了扩大专业视野，她拜专家为师，专门学习植物学；有一年，她每个周末，来回骑两个多小时的自行车到公园观察植物的生长，然后进行最精细的分类，图文并茂，笔记写了厚厚的一本；为搞明白“落花生”名字的由来，她就在自家的阳台上，用花盆栽种，仔细观察……

王春易真心喜欢教师工作，乐于把与教学有关的每一件小事做到极致，拿着自己的真切体会指导学生，把学习当作一种生活，享受上课的过程。功夫不负有心人，王春易的教学能力达到了极为高明的水平：教学语言没有一句口头语，像电文一样简洁精确，达到了炉火纯青的地步；课堂节奏比钟表还准，她说的最后一句话总是伴随着下课铃；非常难的内容，总被她化难为易、化繁为简，几句话就说清楚了。例如，在讲“自由水”和“结合水”的时候，学生弄不明白两者的区别。她现场磕开了一枚鸡蛋，让学生观察。学生马上体会到：蛋清里面有水却不能自由流动，这就是“结合水”的一种典型形态。

学生们这样评价王春易的课堂：“百听不厌，浑然忘我；满耳生香，回味无穷。”同行的评价则是：“上课挥洒自如，如行云流水，一气呵成。”[6]

王春易的生物课成为天津市第五十七中学——这所普通中学的招牌课，她的职业发展也达到了让普通教师难以企及的高度：33岁被评为天津市最年轻的特级教师；34岁被授予全国模范教师称号；她的“植物激素”教学设计课在

---

⑤李帆：“‘新’老师王春易”，载《人民教育》2011年第17期。

⑥谢凡：“北京十一学校特级教师王春易的变革之路”，载《现代教育报》2011年9月26日。

2000年全国中学生物学年会上获一等奖；她的学生，也拿到了天津市最好的生物高考成绩。

在2003年，因为先生工作调动，王春易来到了北京十一学校。她担任了生物学科奥林匹克竞赛队的总教练和6个班的生物教学。她的热情和能量被这些繁重的工作再次激发，每天备课到凌晨两点，“满脑子全是备课的内容”。她的卓越成绩也在延续：第一届竞赛班中，有4名同学获得全国奥林匹克生物竞赛北京赛区一等奖，占北京市参赛人数的1/5，位列第一名……她的课堂教学，除了学生喜欢、同行赞美，更招来了中科院、北大等名校毕业的博士教师来当徒弟，她成了“博导”。

## 改变自我，坚持在课改中不断创新

“学生不用预习，上我的课听得如痴如醉，下课也不需要特别花时间复习。当然，学生的成绩非常好……不管怎么改革，只要学生喜欢，学生对老师百分百满意，能给学生带来好成绩，就是好课，就是好老师……我觉得谁改都轮不到我改！”[⑦] 2008年是十一学校的“课堂改革年”，面对学校明确提出的“课堂是学生学习的地方，不是教师展示的地方”的新主张，享受讲课的王春易，本能地作出如上反应。

越来越大的改革风声，并没有真正影响到王春易的课堂，但是身边发生的一些事情却让她感到了一些不自在：上了大学的学生向自己诉苦，抱怨大学老师讲课不如中学老师好，做笔记也没办法考好；一位教师用自己设计的板书上课，居然4年不曾改变；自己的先生看到自己天天在家忙于设计怎样讲课，经常调侃“你这个特级教师能讲出一朵花么？”……王春易感到自己的教学出现了某种“高原现象”，逐渐意识到自己的教学到了该作出新的调整的时候。

⑦ 王春易：《从学科教学走向学科教育》，中国大百科全书出版社2012年第1版，第24页。

自我的怀疑让她备受煎熬，而实施变革更为艰难：要向家长保证学生成绩不能下降，要升学率，还要学生改变观念，适应自主学习，保证学生未来的发展。王春易还是决定，试着从改变课堂教学的方式来作出突破。

2010 年，生物学科教室的建立和单元整合的出现，让王春易的课改有了极大的进展。

生物学科教室刚开始就是学科功能教室——将生物教学资源与学生的学、教师的教结合在一起。去美国考察学习后，王春易和同事们又把生物学科教室建设成了学科博物馆：楼道两旁的墙面上展示的是“23 个生命科学史上的重大发现”，近 10 年诺贝尔生理学奖的获得者和他们的研究成果；教室除了实验器材和各种生物资料，有学生的研究成果，还有 100 多个养水生动物的瓶子，40 多种植物，花花绿绿的生物模型，四周墙上挂着生物学家的名言警句，教室中间有宽大的桌子，这是学生进行小组实验或讨论的地方……这个弥漫着生物学科气息的教室，可让学生进行分工合作实验和小组讨论，展示探究成果，也深深地吸引着学生，让学生不知不觉接受生物科学的熏陶。王春易意识到“生物科学是一门实验学科”，实验的技能和素养靠讲是讲不出来的，一定是做出来的，只有坚定地将生物课搬到实验室，才能回归生物学科的本质。

生物学科教室刚使用了两个星期，王春易就发现，探究实验占用了大量课时，严重影响了教学进度。于是，她和同事决定实施单元整合。刚开始，只是进行小单元的整合，对在一个模块里的不同章节的内容进行整合，比如：把细胞膜结构和跨膜运输整合；将线粒体和有氧呼吸整合。后来，发展为跨模块整合，甚至与实验一起组合，如：整合细胞的生命历程；学习完细胞的分化就接着做植物的组织培养实验。一个学年，他们共整合了 18 个教学单元，不仅挤出了大量的时间来自主探究实验，帮助学生建构了结构化的知识体系，更培养了学生理论联系实际的习惯——这一重要的科学素养。

一方面是教师单元整合，一方面要学生自主学习，学生怎么适应又是个问题。王春易为每个班的学生设计了一份“学习规划书”，告诉学生学习的内容和目标，点明每一节课的具体安排，让学生自主安排学习进度，这大大提高学生自主学习的效率，被学生称为自主学习“导航仪”。

开始实施“学习规划书”时，学生的表现让王春易特别失望，学生们没有主动思考问题的习惯，很多学生做预习检测题时，连书本都未认真阅读——上课时也就无法进行有意义的小组探讨。王春易迅速作出调整，将课下阅读转到课堂上精读，接着将“学习规划书”中的阅读检测题由填空改为提问，又增加了教师评价，还留下大量空白让学生自己总结，引导学生思考，还要求学生基于阅读提出自己的问题，甚至要求学生根据所读的经典实验来设计实验。这些细节的完善，极大地提升了学生的阅读能力和自主学习能力，提高了单元整合教学的效率。

随着自主学习的不断深入，小组讨论就自然成为学习的一种需要，但学生们的表现却很糟糕。王春易分析原因，可能是没有讨论习惯，但更多的可能是缺乏对小组讨论的指导。她设计了“小组讨论问题排查表”，建立捆绑式小组评价制度，指出“讲给别人听是最好的学习方式”，激励各小组展开竞争。让人耳目一新的是评价小组学习效果的设计：除了单元测试的效果，还看重小组所提问题的质量。这让积极思考和大胆提问成为了学生的一种习惯。

2011 年 4 月 6 日，王春易给海淀区青年教师上了一堂公开课。这堂课，既没有精彩的导入、流畅的过渡、完整的板书，也没有巧妙的难点突破，甚至没有完成预设的教学目标，只有学生不断提出问题、讨论问题，再提出问题，下课后学生仍然在讨论，到了下午还有学生提交实验设计方案。这堂课，彻底颠覆了她 20 多年的教学套路，触动了所有听课的同行，引起了巨大争议，也确认了自己的新教学观——“当老师收敛起自身光芒的时候，学生的光芒便明亮起来!”[⑧]王春易非常清楚，课堂放开后，自己是要面对所有学生的挑战，不确定的问题会随时出现，但只有这样，学生才能拥有自主学习的能力，更高的学习目标和开拓创新的精神。面对挑战，此时的王春易勇敢选择了彻底改变自我，创新“重生”。

## 创造奇迹，从学科教学走向学科教育

2011年9月，学生们进入了压力重重的高三，生物进入了全面复习阶段，王春易却对自己、对学生有了更大的信心。针对自主复习，她编制了新的教辅资料，设计了新的阅读指导方法——目录回忆式精读，重点强调对知识的思考和抽提，帮助学生形成宏观的知识框架。而试验设备就放在学科教室的桌子上面，材料两周更换一次，学生随时可以复习他所关注的实验内容。她负责指导，课堂主要由学生来讲解和讨论，学生甚至可以将自己的吉祥物带到生物教室和大家一起上课。轻松活跃的探究活动已是课堂常事，生物学科教室也成了学生最喜欢的地方。

2012年3月5日，美国杰出教师雷夫·艾斯奎斯来到学校，进入生物教室后，情不自禁地惊呼：“呀！这就是56号教室呀!”他甚至把王春易称为微笑女神，盛赞“微笑是最好的教育力量”。“教育是育人的艺术，是没有国界的，正因为如此，雷夫才能在王春易老师的生物教室里嗅出‘56号教室’的味道。”[⑨]校长李希贵这样评价。

高考结束了，学生们取得了优异的成绩，王春易却发现了比高考成绩更让她欣慰的“奇迹”。高考结束的第一天，王春易居然发现有高三的学生在教室里看书。他们说，因为平日学习紧张，学科教室的很多图书都没有看过，想利

⑧搜狐教育会客厅：“让课堂成为梦想开始的地方”，2012年11月26日。
⑨王春易：《从学科教学走向学科教育》，中国大百科全书出版社2012年第1版，第4页。

用这个时间把书读一读。此后，王春易的毕业生在这个暑假里，总是十分默契地到教室看看书，看看自己曾经照顾的小花、小鱼。有些学生发现书太多，平日也缺乏整理，就花了几天的时间将教室的图书重新分类编号，贴纸盖章，整理后输入电脑。学生总是对她说："这事交给我们了，您甭管了！"这年的教师节，学生们回校看望老师，当然，他们又去生物教室忙碌了一番。

王春易心里暖暖的，这才是她"教书育人"的真正理想！因为刺激她实施课改的另一个重要原因就是"学生对分数的功利思想和对生命科学喜爱之间的牵拉"。[⑩]出于理想和兴趣而学习的学生少了，更多的人只是为了分数。这种功利的态度最让她伤心，这也让她意识到，自己的教学还不足以让学生"爱到欲罢不能，喜欢到舍不得放手"。现在，学生们自发返校读书，整理学科教室里的图书，管理学科教室内的生物……她的学生不仅获得了知识和自主学习的能力，更拥有了审美情怀，珍惜生命、热爱生活的情怀。这种高于技能和知识的情感和态度出现在自己学生身上，让她喜出望外。

从追求生物知识的完美讲解和教学节奏的精确掌控，到以课堂变革为突破口，坚持引导学生自主探究学习，不断变革创新，王春易有了新的体味，"教书育人，最终在育人"：为了"育"热爱生活、热爱生命的人，能自主学习和终身学习的人，敢于动手探究实验的人，敢于质疑的人，才会有生物学科教室，有单元整合，有"学习规划书"和小组讨论……王春易凭着自己对生物学科的精深钻研，对教育事业的执著热爱，把握学科教学的实质，走向学科教育的本真。她为我们教师展示了一条"通往高远的教育艺术殿堂的道路"——追逐教育理想的教师专业化成长之路。

⑩ 王春易：《从学科教学走向学科教育》，中国大百科全书出版社2012年第1版，第179页。

ZHONGGUO HAOJIAOSHI

# 中国好教师 桂贤娣

GUIXIANDI

桂贤娣每周给自己提出“三问”：“一问桂老师，你爱你的学生吗?”“二问桂老师，你会爱你的学生吗?”“三问桂老师，你的学生感受到你的爱了吗?”真挚的爱在她30多年的教学生涯中不断延续……

# 用情感和智慧激活童心

◎程 墨

她喜欢看动物世界，她会唱《喜羊羊与灰太狼》的主题曲，她曾给学生梳过 21 种辫子……

采访中，记者注意到，桂贤娣在与孩子的对话中不断出现这样的语句，“乖，听话，桂老师爱你们。”“乖，相信桂老师。”“桂老师最喜欢你了！”最感染我们的是她的笑容，从她的笑容中我们体会到了教育的幸福。

作为一名从乡村教师成长起来的当代人民教师的典范，桂贤娣从不掩饰自己的幸福：“只有幸福的教师，才会教出幸福的学生。跟我的孩子们在一起，我是幸福的。”

## “因生给爱”传递教育真情

1982 年 9 月，桂贤娣师范毕业后回到她的母校——武汉市洪山区九峰乡尤庙镇尤庙小学教书，成为了一名地地道道的乡村女教师。

当时，她的班上有一个名叫叶辉的男孩子，在家里玩耍时不小心腿摔骨折了。时年 21 岁的她每天背着叶辉到男厕所门口，再让小男生扶他进去。放学了，她又背着叶辉到自己家。

叶辉的爸爸在一个较远的铁路货场工作，妈妈在花山乡下，叶辉就经常在桂老师家吃饭，然后做作业……

伤筋动骨一百天，桂贤娣每天坚持背他。渐渐步入冬季，她将自己的旧毛衣拆掉，请姐姐教她织了一条似毛巾非毛巾，似围巾非围巾的长条，等叶辉爸爸回来，用自行车接他回家时，桂贤娣就帮他绑上，以免伤腿受凉。

父子俩很感激，叶辉爸爸说："桂老师，你人太好了，我们站有很好的小伙子，我想你应该有个好归宿。"桂贤娣笑着回答："我有男朋友了，谢谢您!"父子俩禁不住都笑了。

经常有年轻老师向桂贤娣抱怨：为什么我对学生付出了这么多爱，学生却没感受到？通过调查，她发现，很少有学生回答"老师爱我"，多数孩子回答"爱我一点点""有时候爱我""老师只爱班长"等。

桂贤娣说，爱学生是教师的天职，但是，光有爱心是不够的，更重要的是"会爱"，即智慧的爱，得体的爱，恰到好处的爱，能激发学生真挚情感的爱。

桂贤娣每周给自己提出"三问"——"一问桂老师，你爱你的学生吗?""二问桂老师，你会爱你的学生吗?""三问桂老师，你的学生感受到你的爱了吗?"

在频频的自问当中，在与学生多年的接触和交往中，桂贤娣摸索出"体弱生爱在关心、病残生爱在得体、过失生爱在信任、屡错生爱在严厉、向师生爱在珍惜、背师生爱在主动、个性生爱在尊重、普通生爱在鼓励、进步生爱在赏识、后进生爱在鞭策”的“桂贤娣班主任工作因生给爱十法”。

### （一）过失生爱在信任

有一年春节刚过，同学们穿着节日的盛装，带着喜悦的心情上学了。刘浩拿出新版 20 元人民币，得意地在班上炫耀，吸引了众多眼球，连老师也凑上前来了。

广播操结束后，刘浩发现自己的钱不翼而飞了。他哭着来找桂老师求助。桂老师召集全班同学到教室，说：“如果哪位同学拾到了刘浩的 20 元钱，请还给他，桂老师和刘浩将不胜感激。”全班同学你看看我，我看看你，半晌没有反应。桂老师没有继续下去，而是在中午放学后跑回了家，拿了自己家春节用剩下的红包，又到小商店买了一叠跟那一模一样的红包，共 64 个。

下午放学之前，桂老师将这 64 个红包发给了 64 位同学，“同学们，今天我们班上刘浩不小心丢了 20 元钱，桂老师相信同学们会把这件事处理好！同学们都知道，桂老师从不骗你们，这 64 个红包都是一个样子，也没有做任何记号，请同学们今天回家，把自己觉得该装进去的东西装进去，明天早晨交到讲台里面。”第二天，64 个红包如数收回，那张新版的 20 元钱就在其中的一个小红包里面！

“……到今天我也不知道这个孩子是哪一个！也没打算弄个究竟。因为这并不重要，但是我敢肯定的是，这个同学一定铭记了这件事，也永远地铭记了桂老师对他的尊重和信任。”桂贤娣一直认为：对于学生的过失，轻易采取惩罚的手段，往往不会取得良好的效果，因为没有给他（她）以期望和信任。学生有过失的时候，也常常是教育最能产生效果的时候，因为不安和内疚使他们急于求助。如果这个时候教师能宽容地对待学生的过失，信任他们，认为他们一定会改正，并能为他（她）的过失行为保守秘密，免其自尊受损，可能会让学生积极而及时地纠正自己，牢记教训，终身铭记。

### （二）向师生爱在珍惜

有一次，桂贤娣的咽喉炎又犯了，一说话就难受，到医院检查，医生嘱咐她少讲话或不讲话。

这下可把孩子们急坏了。学生张舟跑到药店买药，并悄悄地放到桂贤娣的办公桌抽屉里，还附了一张小纸条，上面写道：“桂老师，这个药特有效，上次我爸一吃就好！您可一定要吃啊！”桂贤娣感激地拿起药，一看才知道原来是戒烟糖！于是笑着送给了学校的男老师。

过了几天，桂老师的嗓子有所好转，便开始讲课。课上，她看见小张舟一节课都面带笑容。一下课小张舟就高兴地跑到她面前，当着全班同学的面大声说：“桂老师，怎么样，我那个药灵得很吧！”桂老师笑着摸着他的小脑袋瓜，使劲地点点头。这就是我们的桂老师，应该说，她善意的谎言不为过吧！

### （三）普通生爱在鼓励

桂老师曾给班上的一名普通生写过这样一份鉴定：“康康，你的作文是我们全班师生最好的精神食粮，你的课堂发言给伙伴们耳目一新的感觉，你关心集体的清洁卫生和礼貌待人的言行在同学们身边树立了榜样。如果在做作业时，特别注意汉字书写和数学计算的态度就更好了！你是个聪明求上进的孩子，相信你会明白老师这番话的含义。注意，寒冬将至，不要随意脱掉外衣，本学期，你吃药难受的苦相，叫老师想起来就心疼！要知道，你比我更明白爸妈为你起‘康康’名字的用意。衷心地希望你学习、身体像你的名字一样健康向上！”康康的爸爸看了这样一份鉴定，激动地说：“桂老师，这是我迄今为止看到的最真诚、最暖人的学生鉴定，字里行间表达了你对康康的鼓励、提醒和关怀，您对他的爱远远超过了我们做父母的。我对儿子说：你有一个这么好的老师！可不要辜负了她呀！”

如今在国外留学的刘康康，给桂老师来信这样写道：“我的好老师啊，春蚕吐丝耗的是生命，可教海茫茫要的是身体。希望您身体安康，我们在异国他乡也就安心了！如今您已是 40 开外的人了，希望您尽量少晚上家访。告诉您一个秘密：您有一次雨夜到我家家访完毕出门已 10 点多了。您不让我们送您。我们全家三口在距离您 60 米处护送，直到前方雨中出现了接您的家人，我们才放心地回家。从小就知道您有三个酷爱：一是我们这些淘气包；二是您的家庭；三是优美的音乐。外国朋友喜欢过圣诞节，在这圣诞节来临之际，我在太平洋彼岸为您点上一首俞丽纳的小提琴协奏曲《梁山伯与祝英台》。您虽然收不到，但我执意要这么做，因为我知道您特别喜欢这首经典乐曲！让我们延续曾在一起的那种充满人文性的亲情氛围吧！”

### （四）病残生爱在得体

桂贤娣带的六年级（2）班有个漂亮的小姑娘吕晶，被诊断得了癌症。这个不幸的女孩，不怕打针吃药，不惧化疗反应，唯一担心的是头发掉光了，不戴帽子不好见同学，戴上帽子又怕被同学笑话。

她和陪着她的父母一路忐忑不安地来到学校。

“吕晶，快进来！”桂老师轻轻地推着她走进教室，她用余光扫了一眼教室：一片红色跳进她的视线。她赶忙抬起头来，原来全班 63 名同学都戴着小红帽，而且和自己的一模一样！

班长站起来说：“欢迎你参加班级野游活动！”

小吕晶一听，高兴地回头说：“爸爸妈妈，你们回去吧！”

孩子的妈妈站在教室外，看着这一切，一个劲儿地向桂老师鞠躬：“桂老师，谢谢你，谢谢你的良苦用心！”

原来，桂贤娣得知吕晶的特殊情况后，专门到武汉的汉正街买了 64 顶小红帽，家访时悄悄地给了吕晶的家长一顶，让孩子上学时戴上。为了不让吕晶以为是特意为自己全班才戴小红帽，桂贤娣特地安排全班当天进行野游活动。

从那以后，班上每天都有五六个同学戴着小红帽，一直到吕晶长出了头发。

“我感到，爱也要因材施教，‘因生给爱’。”桂贤娣说，每个儿童是一个独立的个体，因此，具体的爱生方法可能会在以后的教育教学中不断完善。

如今，在钟家村小学“桂贤娣名师工作室”的共同努力下，“因生给爱十法”已经丰富为十五法，更名为“因生给爱教育法”。

## 桂氏情感教学：让小学语文教学焕发无穷魅力

武汉市汉阳区钟家村小学教师刘颖说，在教学上，桂老师一直探索着，如何将情真意切的语言、美丽动人的画面、悦耳动听的乐曲、声情并茂的朗读、发自肺腑的交流、层次丰富的读议、妙趣横生的表演、情趣结合的练习汇成丰富的教学场景，让学生在课堂上流连忘返、兴趣盎然。

“潜心读文本、精心巧设计、灵活用方法。”刘颖说，这是桂老师时常说的话，“桂老师要让课堂教学承载这样一个重要使命，那就是‘用心用情用智，启蒙学生情感，启发学生智慧，启迪学生心灵’。”

刘颖告诉记者，她至今还记得桂老师第 9 次执教《小英雄雨来》，她给自己定下的目标是要与前 8 次的教学不一样。“在反复揣摩文本之后，桂老师敏锐地发现，这一篇课文拟声词用得很精彩，于是便萌发了让学生用拟声词说话和写作的创意。”

一位学生在日记中这样回忆桂老师执教《春蚕》一课：“当桂老师读到‘夜晚母亲拿着匾喂蚕’时，声音颤抖起来，渐渐地，她的声音就哽咽了，双

颊流下了激动的泪水，她哭了。我们听着听着，双眼也开始模糊起来，仿佛看见了那个满头银丝的母亲，那张布满皱纹苍老的脸，那双骨瘦如柴的手，看见了母亲一手拿着烛台，一手在昏暗的烛光中喂蚕的情景。‘孩子，上学得用功啊！这学费来得不易呀！’当桂老师读到母亲的这句话时，已经泣不成声了，全班同学也都抽噎起来。我带头领着同学们，把桂老师没有读完的内容，继续读下去……大家都学着桂老师读，我们都读得很好很好……”

“我上讲台后5秒钟就不是我了，而是文中的人物了。”讲到自己的课堂教学，桂贤娣满眼都是真情和喜悦。

声音极富磁性，朗读课文声情并茂，或激昂，或凄凉，或高亢，或低沉。这是听过桂贤娣课的老师和学生的感受。

其实，桂贤娣的“声情并茂、感染力强”不是天生的。恰恰相反，出生在农村的桂贤娣，普通话起初并不标准。为了上好课，她虚心拜普通话很棒的女儿为师。“老师，请听一下我哪些字的发音错了。”桂贤娣在家朗读课文，一直都喊女儿“老师”。

为了进一步激发孩子的写作兴趣，启发学生思维，桂老师用20多个拟声词写了一篇示范作文《烧鱼》。她写道：“今天，我要和妈妈一起烧鱼。啪，电子煤气灶点燃了；嗡嗡嗡，左右两个抽油烟机开始工作了；哗哗哗，水龙头拧开了，冲洗生姜；咔咔咔，一大块椭圆形的生姜眨眼工夫变成了‘佳士利’薄饼。厨房里顿时热闹极了。妈妈把金灿灿的色拉油倒进烧得冒烟的铁锅，吱——锅沿有水，妈妈等锅里的油水不蹦不跳了，就迅速地将还滴着血水的鱼放进锅里，只听吱啦一声响，‘嗷，烫死我了！’不知是哪一滴油水不服火烧，调皮地蹦出了锅外，溅到我的手背上，疼得我‘嗷嗷’直叫！……”读完自己的作文，桂老师问学生：“想向老师学习，运用有趣的拟声词写篇作文吗？”学生们齐声回答：“想！”就这样，一片笑声中，孩子们欣然提笔。

苏教版小学语文教材编写组的主编张庆教授在得知桂老师的教学情况后，特意撰写《“文化石”与新视角》一文，他这样评议：“要想捕捉到视角新的写作材料，就要像桂老师那样，在教学工作中发挥独创性。”

为了上好课，桂贤娣可以在家里反复试讲，用一台录音机讲了录，录了讲，几年下来，用垮了3台录音机；为了配一段满意的曲子，桂老师常常跑遍武汉三镇买磁带，几天几夜，反复试听，直到满意为止；为了给学生做书写示范，桂老师可以在近两年的时间里坚持每天练字。

有一年的建军节，在家休暑假的桂贤娣打开电视，看到中央台正播纪录片《中朝两国人民的好儿子邱少云》，她连忙跑进房间，拿出笔和纸边看边记解说词。近20分钟的节目结束了，可她没有完全记下来。当天，她就给中央台军事节目组去了一封信，请求给她寄来该节目的文字资料，她说“因为我和我的66名学生在新学年将要共同学习语文课文《我的战友邱少云》”。没想到，一周后，电视台不仅给她寄来了文字资料，还有音像资料。

桂贤娣认为，有了对教学的真情，很多繁杂的事情也可以做得有声有色。

在她所带的“桂贤娣名师工作室”团队中，有人反映，拼音复习让低年级语文教师头疼，稍不留神，就会陷入“死记硬背”的窠臼，教师教得乏味，学生听得无味。

知晓了青年教师的困惑，桂贤娣主动邀请大家来看她是如何将拼音学习变成“玩”的。

每个孩子发 10 根铜丝和 5 粒大米，当老师说出一个拼音时，学生就用铜丝和大米摆出这个拼音。铜丝很容易成形，学生可自由弯出拼音字母，而大米，就是诸如“i”这样的拼音上的那一点。看似简单的游戏，孩子们玩得意兴盎然，有的孩子甚至回家了还要缠着家长一起玩这个游戏。年级拼音检测，这个班是成绩最好的，青年教师大为折服。

在办公室，桂贤娣曾经谈起这样一个问题：“你们说，课文中的人物与执教者有什么关系？”在大家各抒己见后，桂贤娣坦诚了自己的看法：老师和课文中的一切都有着密切的关系，都有着深厚的感情，特别是文章中那些可歌可泣的人物，我们老师没法不为他们感动，没法不热情地讴歌他们。课堂上，桂贤娣穿越时空，与文中人物促膝谈心，倾心交流，同悲共喜……正所谓“动人心者，莫先乎情，情不深，则无以惊心动魄”。有了这样的情感教学，怎会不激起学生强烈的感情共鸣呢？的确，教材仅仅是一个媒介，一个反映真实生活的媒介。凭借教材，我们还原生活，再现生活，启蒙学生情感，启发学生智慧，启迪学生心灵。

中国教育学会小学语文教学专业委员会理事、华中师范大学杨再隋教授说：“桂老师教学已具有了鲜明的个性……她那独具感染力、声情并茂的导语和朗读，拨动儿童心弦，激发儿童情感，使学生和教材的内容产生共鸣，这就是‘教育心理场’，这就是小学语文教学的魅力，是真正意义上的教书育人。”

一分耕耘一分收获，当桂贤娣的情感教学之路迈出第二个十年的时候，终于形成了独具特色的“小学语文情感教学”风格：即探索出——情真意切的语言，美丽动人的画面，悦耳动听的乐曲，声情并茂的朗读，发自肺腑的交流，妙趣横生的表演，情趣结合的练习等操作性极强的情感教学八种方法；总结出情感教学“感染，启智，晓理，激趣，移情”五种功能。

## “桂氏家访”：让老传统焕发新魅力

桂贤娣说：“作为班主任，要学会借助家长的力量，家校合力提升教育质量和教育效果。”

有一件事令桂贤娣记忆犹新。那时，她刚参加工作不久，班上有个小男生屡次违反学校纪律，于是她决定家访。谁知当她拿着小男生亲手写的家庭住址去家访时却吃了闭门羹，因为孩子故意把门牌号码写错了。这件事深深刺痛了桂贤娣，她决定改变家访策略，变报忧为报喜。

熟悉桂贤娣的人都知道，她家访的原则是“生进师访”，即“学生进步了，我就家访，再进步，我再家访!”她认为，激励性家访是一种鞭策，也是学生的荣耀，能鼓励学生不断上进。

黄娅，一个胖胖黑黑的六年级女生，学习老跟不上。一次数学小测验，黄娅居然及格了，桂贤娣高兴地登门家访。第一次家访后，黄娅渐渐不躲着老师了，学习也自觉了。桂贤娣再次家访，并欣喜地告诉家长黄娅各方面的进步。

桂贤娣身体不好，黄娅担心老师家访不便，特意送给她一个手电筒照明，这个手电筒能装6节电池，光亮能照很远很远。黄娅说：“我要让桂老师多到我家来。”

除夕夜，当零点钟声敲响的时候，桂贤娣接到了黄娅的母亲从北京打来的电话，这位母亲在电话中感激地说：“桂老师，是您与众不同的家访使我的孩子抬起了头！”

“家访能拉近老师与家长间的距离，只有家访，学生和家长才会把老师当做朋友，才会说真话。”尝到家访甜头的桂贤娣乐此不疲，从教30多年来从没有间断过。

一位学生家长向我们讲述了这样一个故事——

和许多学生的家长一样，冯雪蕖的爸爸冯晖工作特别繁忙，对待孩子的学习，冯晖虽然也在管，但和孩子的交流不多。孩子平时也基本上由奶奶在照看。在学校孩子很少与同学往来，上课也很少发言，回到家中老老实实地待着。

冯晖说，那是女儿三年级开学不久的一天，女儿兴冲冲地回来告诉他：“爸爸，我们换了一个班主任，是桂老师，她可好了，经常和我们一起聊天、一起做劳动。有好几次课间活动，她还找我玩呢！”冯晖当时不以为然，但看到女儿脸上久违的笑容，他心里感到一丝安慰。

又过了几天，女儿对冯晖说：“爸爸，桂老师要来家访。”冯晖吓了一跳，连忙问女儿：“你在学校干什么坏事了，老师要到家里来？”女儿说：“不是的，桂老师说我进步大，所以到我们家家访，把我的进步告诉爸爸。”

当冯晖打开门迎接桂贤娣时，她已是气喘吁吁，满头汗水。落座后，桂贤娣告诉他，今天她来主要是刚带这个班，想了解一下孩子的情况。冯晖向桂贤娣作了简单的介绍后，看时间不早了，便想留她在家吃饭。桂贤娣哈哈一笑，说：“吃饭就不必了。我家访你们只要准备一杯茶就够了。你看，这么热的天，怎么也不倒杯水给我喝呀！”桂贤娣的爽朗一下子拉近了他们之间的距离。

冯晖至今还记得特别深刻，桂贤娣当时还把孩子叫到面前，说：“雪蕖，你这段时间的进步特别大。老师和家长都很爱你。以后还要多参加集体活动，主动发言，全面发展，你能做到吗?”冯雪蕖大声回答：“我能！”从那以后，冯雪蕖像变了一个人。她的小脸上有了笑容，有时还哼哼歌曲。放学回家，她还会主动做一些力所能及的家务，和父母聊聊天。冯晖说，“我没有想到，爱和鼓励会有如此大的作用。我觉得这个桂老师真的很特别，她是学生进步，老师家访。”

其实，这里已经是桂老师当晚家访的第三站了。当冯晖把桂贤娣送出家门，屋外还在刮着风，冬天的夜晚寒意刺骨，看着桂贤娣单薄的身影，冯晖说：“桂老师，天太冷，这个时候又没有公汽，我开车送送您。”桂贤娣笑着说：“不用，我有车，还有专职司机！”冯晖不信，以为她在开玩笑，便一直跟着来到了大马路上，才发现有个人正推着一辆摩托车走向她，那是她的丈夫。

“我的孩子是幸运的，她碰到了一位有智慧、有爱心的好老师；我是幸运的，我看到了自己的孩子在桂老师的教育下，正在健康成长。”冯晖说。

桂贤娣说，家访交谈的地点，最好选在学生的房间，既可避免冒犯家长的隐私，也便于观察学生生活的细节，帮助老师全面了解学生。“家访时的语气、态度一定要平和友善，切忌高高在上。像朋友一样和家长聊天，家长才能打开心扉畅所欲言。”

班上有四五十名学生，怎样才能做到个个了如指掌？桂贤娣称，她的诀窍是传统的家访。“每年 7 月中旬，和上任班主任交接班时，我会提前查看班主任手册，找到学生的家庭住址，然后利用暑假提前家访。”开学后，她已与学生、家长相当熟悉了。

虽然顶着酷暑，还牺牲了休息时间，但桂贤娣说她的想法很简单，“暑假我在休息，国家也在给我发工资，加之对教学也有帮助，家访很值得!”

从教30多年来，桂贤娣送走了一批批学生，家访了无数的孩子，却没有多少时间陪自己的孩子，“作为母亲，我真的是愧疚。”

退休多年的教师万俞云向记者讲了这样一件往事。一个严冬的下午，桂贤娣与同事一起去家访，回来时天已经很晚了，这时突然想起自己的女儿还在幼儿园。她便急忙赶往幼儿园，孩子当时就在马路边痴痴地等着妈妈。桂贤娣不顾路上穿梭的车辆，横穿过马路，上前一把搂住女儿，却什么也说不出来……女儿在桂贤娣的怀里号啕大哭：“妈妈，我数了17辆70路车，你还没有来，我就来车站等你了。”桂贤娣抱着浑身冰冷的女儿，愧疚万分：“妈妈对不起你。”

有人劝她，现在教师与家长联系沟通的途径太多了，没有必要劳心费神去家访。但桂贤娣总是微笑着回答：“大灵通，小灵通，永远也代替不了和家长面对面的交流和沟通。”

## 在幸福中传递幸福：“只有幸福的教师，才会教出幸福的学生。”

“我工作，我快乐；我生活，我阳光。”桂贤娣说，爱学生是一门科学，也是一门艺术。最重要的是走近学生，只有了解学生，才会懂得如何去爱学生。教师要用真情和智慧投入到学生身上，让学生幸福地成长。

桂贤娣在教学一线工作了30多年，其中在乡村工作12年，共带了18个毕业班，当过一千多名孩子的班主任，教过几千名学生。

近10年来，作为特级教师和全国优秀班主任中的杰出代表，桂贤娣到新疆、港台地区和湖北省农村多次讲课和送教，为湖北省农村教师、支教生、骨干班主任等进行培训。据不完全统计，她所培训过的教师超过5万名。她多次受到教育部和省教育厅有关部门的表扬，多次被受训教师评为“最受欢迎的教师”。

“我本是一名乡村女教师，我也是乡村教师培养教育成长起来的。”桂贤娣说，尤其是她的小学老师姚青枝，在她偷吃邻居家豌豆后被父亲责罚不让吃饭时，是姚老师深一脚浅一脚摸黑到她家家访，告诉她父亲她的学习有多棒，让她既吃上了饭，又改正了错误。儿时沐浴着老师和父亲的爱，使她有着幸福的童年，所以她也要给孩子们童年的幸福。

“中学老师余树堂为我们上《我爱韶山的红杜鹃》的时候，他声情并茂的朗读，他情真意切的教学语言深深地打动了我，打动了我们全班同学，使我们大部分同学都有了一颗感怀他人的心，成为了一个有血有肉、有情有义的人，可以说，七十年代末余老师的教学特色，为我潜心探索并初步形成小学语文情感教学风格，奠定了基础。恩师的教学使我明白了：没有情感的投入，是教不好语文的，学生也是学不好语文的……”

徒弟刘颖说：“如今的我也是一名老师了，受桂老师的影响，我也十分注重吸取新知，探索真知，希望能用真挚的情感，智慧的方法，让我的学生受到教育，感受爱念，传递幸福，工作中我回忆着，发现着，创造着，也享受着……”

“只有幸福的教师，才会教出幸福的学生。跟我的孩子们在一起，我是幸福的。”桂贤娣说。

有人曾问她：作为一名优秀班主任、模范教师，你经常家访、到农村支教，付出了那么多的时间和精力，你是怎样处理好家庭与工作的关系的呢？桂贤娣回答："家庭与工作同等重要。我从来都不说把工作放在首位，我也从没说过为了家庭可以怠慢工作。因为我能安心的工作与家人对我的支持和帮助分不开。"

以前，桂贤娣家访晚了，丈夫就牵着孩子去接她；后来，孩子住校了，丈夫就用摩托车接送她家访。刚调入钟家村小学时，桂贤娣想把孩子从快活岭小学转到钟小，她的婆婆对她说："莫慌转，你刚去，等自己搞顺了，再转也不迟。你要家访，他当校长又忙，要是哪天搞晚了，谁来管伢。我帮你把伢带好，你安心工作，不要让别人瞧不起。"

桂贤娣说："面对这样的家人，他们如此支持我的工作，我不能怠慢家庭。当工作与家庭同时需要我的时候，我掂量一番，哪个急哪个重要哪个就放在前面。尤其是女性，工作家庭两者兼得尤为重要。这样就会有良好的心态和积极的热情投入到工作中去，这样我们才能承担起为人师为人母为人妻为人女的责任。"

"教师桃李满天下，而没教育好自己的子女，人们说是因为教师把身心都放在了别人的子女身上。"在桂贤娣看来，老师的子女与自己的学生应该同步成长，因为老师的子女也是祖国的未来，家庭的希望。

2004年，她的女儿考入北京外国语大学。如今，女儿早已大学毕业，找到了自己喜欢的工作。

桂贤娣说："尽管我不漂亮，但是我很可爱。每天早上睁开眼，我都会对家人说一声'爹，早上好！'每次下班一进门，我就喊'老公，我回来啦'。8小时以外，我要享受生活，要锻炼，要逛商场，要看医生，要孝敬长辈，要相夫教子，要享受天伦之乐。”

“每天有一些小成绩、小进步、小满足，这样，你的生活才会充满阳光。有了阳光的心态，你才会把阳光播撒到每个孩子的心中。”桂贤娣这样阐释自己的幸福观，也这样引导着孩子们享受幸福的童年。

如今，有着众多光环的桂贤娣仍然保持着质朴的本色，她说，这一辈子最自豪的，一是有个和谐的家庭，二是在工作享受到幸福。她就这样，每天，仍然忙碌在学生、家长和教师中间，享受着平凡而充实的幸福。

## 教师心语

# 有仁爱之心的教师就是快乐的教师

◎桂贤娣

2014 年 9 月教师节前夕，习近平主席在会见全国教育系统先进集体和先进个人表彰大会上，向全国广大教师提出了要做“四有好教师”，即做有理想信念，有道德情操，有扎实知识，有仁爱之心。

我作为一名小学教师，作为孩子们的启蒙教师，对“四有”中的“有仁爱之心”感触颇深。因为小学的孩子年龄小，各方面的能力差，特别需要小学教师怀有仁爱之心去爱护他们，去宽容他们，让孩子们在宽松愉快的环境里健康成长。年轻的教师朋友们常问我这样一个问题：作为教师应该怎样爱学生，做学生的知心朋友呢？为此，我告诉年轻的同仁们，我每周给自己提出三问：“一问桂老师，你爱你的学生吗？二问桂老师，你会爱你的学生吗？三问桂老师，你的学生感受到了你的爱吗？”在频频的自问自答当中，我摸索出《桂贤娣班主任工作因生给爱十法》《爱生系列小工程》《教师与家长如何共爱孩子》《我的鼓励家访策略》等，被教育界誉为《爱的教科书》。

少数人认为教师这个职业太辛苦，尤其是班主任任务重、责任大、事情杂。看见班上的学生调皮打架，就烦了："这孩子不像孩子，我这老师不像老师，都成包公了，每天给你们审案子都审不完……"我笑着对她说："你知道什么是孩子吗？这就是孩子。这就是正常的孩子。如果我们小学的孩子三天五天不打不闹，就不正常了，就可能是生病了。"所以，以这样的心态看待孩子的一举一动，我就能心平气和的与孩子们快乐的相处，就能接纳孩子们的一切缺点和不足。我认为这就是仁爱之师的基本胸怀吧。我觉得，面对工作，换一种眼光，换一种心态，远离烦恼和浮躁，更可以给你身边的学生、家长、同事、亲人快乐，就能和他们一起生活在爱的氛围里。

现在的小学生精灵聪慧，和我们小时候大不相同，教师要把握说话的语气，尤其是小学教师要有爱的语气，因为爱的语气是内心真爱的自然流露，给学生带来阳光般的温暖和希望。

在学校里，我和学生们的对话风格是非常清新的。

"乖，今天作业真干净。我爱你。""谢谢桂老师。"

"刘鹏，早上好。""谢谢桂老师的问候。"

"思源，早上美！""桂老师你更美。"

……

看，老师爱与赞美的语言，欢快的心情，主动热情的姿态，自然就让学生成了你的朋友。

在批改作文的时候，我注意用阳光般温暖的评语鼓励学生。

欧阳同学观察了校园春天后，在作文本上写了这样一句话；"这是早

春，天气依然很冷。我发现学校樟树枝的尖尖处，长有许多的小花苞，剥开一个小花苞，哎呦，里面有一颗红中带黄，大小像西瓜籽里面的小瓜仁一样的小米粒。”

我给他写了这样的评语：“欧阳同学，你观察得是多么仔细啊！活脱脱一显微镜嘛。没有足够的耐心和细心的观察，是写不出这样生动具体的语言的。你知道吗，桂老师像你这么大的时候，是不能和你相比的哟！”小欧阳拿到作文本高兴极了，说：“桂老师，我今后还要多写这样的句子！”作为一名语文教师，听了孩子的这句话，我的目的达到了。这不仅是教师的智慧，更是教师仁爱之心温暖了学生的良好效果。

“一问桂老师，你爱你的学生吗？二问桂老师，你会爱你的学生吗？三问桂老师，你的学生感受到了你的爱吗?”我的爱生三问，集中表现了作为新时期的教师，一是要有爱心，二是要勤于反思，三是要有智慧。这说明时代呼唤这样的老师，社会需要这样的老师，因此，我希望年轻的教师朋友们在工作当中要敢于创新爱生艺术，勤于反思爱生方法，不断激发智慧阳光的爱生情怀，因此有爱就有教师的快乐，有爱就有学生的快乐。

(本文获2014年由教育部门户网站发起的
“做党和人民满意的好老师”征文活动一等奖)

ZHONGGUO HAOJIAOSHI

# 中国好教师 黄希庭

HUANGXITING

“我成不了大家，成不了世界级的大家。我们这一代人是做不到了，但是我的学生们，学生们的学生们可以做到。”黄老是国内心理学研究的泰斗无可厚非，但这句话是他作为一名老师对于教育目的最朴实的表达——培养值得自己崇拜的学生。

# 因材施教，寓教于乐

◎汤梦圆

成长于江南烟雨，成才于京华书香，奉献于天府山城，他，就是誉满学界的黄希庭先生。扎根高校，传道授业，五十载沧桑历尽，“全国教书育人楷模”的称号，当之无愧。

“我成不了大家，成不了世界级的大家。我们这一代人是做不到了，但是我的学生们，学生们的学生们可以做到。”黄老是国内心理学研究的泰斗无可厚非，但这句话是他作为一名老师对于教育目的最朴实的表达——培养值得自己崇拜的学生。

作为国内心理学界的泰斗级人物，黄希庭的身份还有很多，不过，“老师”这一身份却是他最看重的。每年 9 月开学的第一天，都是黄老的大日子。尽管身负西南大学首位资深教授的荣誉，且已年过七旬，给本科新生讲开学第一课，是他最重要的事情。黄老执教半个多世纪，潜心于教学与科研、著作等身，为中国心理学发展作出了巨大贡献。2012 年应邀录制“全国教书育人楷模”微电影，面对镜头，他幽默而深情地说：“如果有下辈子，还要当老师，比这辈子当得更好。我肯定做得到，因为有经验了嘛。”

回首往昔，黄老说道："第一次上讲台的情境仍历历在目。虽准备充分，但站上讲台，紧张得手足无措，语速飞快，两小时的内容半小时就讲完了，不能下课，只好叫学生们自己看书。虽然强作镇定，手心里却全是汗。"然而，这使其更加理解了教师之于教学的重要意义与责任。①

## 心灵哲学、探寻真善美

"探寻心迹、理解人生、点燃心灵中的真善美"是黄老毕生信仰的心理学意义，也是他寄予新生们的最高期望。②

探寻心迹是所有心理学家一切研究的工作目标。黄老因材施教，基于新生刚接触到心理学，理论基础还较为薄弱的特点，便以常见的心理活动和现象为例，如"注意""记忆"和"爱情"等，结合心理学家的研究范式，将抽象的性质、结构、机制及其发展规律剖析得入木三分且深入浅出。

理解人生是心理学研究的另一目标。黄老将"理解人生"剖析为两个角度：一是，整体角度理解人生。他认为培养健全的人格是心理学教师的首要任务，因此，常教导新生要继承和发扬仁（仁爱宽容）、义（正义奉公）、礼（尚礼守法）、智（崇智求真）、信（诚实守信），以及忠（尽忠报国）、孝（孝亲敬老）、廉（正派清白）、耻（做人底线）、勇（肩负大义）等传统美德。自古以来，学者们从未停止对人性的探索。黄老从人格心理学的研究角度分析人是善还是恶的，抑或是不善不恶的；人的本性是先天形成还是后天形成的，抑或是相互作用的。二是，局部的角度理解人生，即知觉、感觉。从某一个心理现象来看人生的特点。黄老告诫新生，心理学是一门学问，同时也是一种服务的职业。心理学所有的工作均以点燃人们心灵中的真善美为最高理想。因此，心理

①微电影："教书育人楷模：黄希庭"。
②西南大学门户网站："凝心静气做学问，为人师表带学生"。

学研究的攻击、自杀、精神病都是为了治疗、消除这些丑恶的因素，让每一个人都健康、幸福、有尊严地生活。

黄老常告诫学生要“点燃人们心灵中的真善美”，首先得自己心中有真善美。要心怀崇高的志向和追求去学习心理学，学习的动机、目的都应单纯。

## 严谨治学　追求真理

黄老常说：“做科学研究最重要的品质是严谨治学、一丝不苟、切忌浮躁。宁愿慢些，也要好些。”

“德高为师，身正为范”，他 60 多载的学术研究诠释着严谨治学之精神。他经常与新生们分享难忘经历，并以此讲解什么是心理学、怎样学好心理学、怎样做好心理学研究。他常对新生说：“我十分赞赏铁人王进喜艰苦奋斗的打井精神，不喜欢东挖一个坑西挖一个坑那种浅尝辄止的浮躁做法。”自 1961 年来到前西南师范大学，他潜心研究时间心理的问题，分析其规律。是最先将模糊统计赋值等方法应用于时间心理研究，开辟了时间隐喻的跨文化研究，提出了时间认知的分段综合模型和时间人格的概念。了解到现代大学生普遍浮躁，而浮躁是搞不好科学研究的，黄老希望能在新生们入学之际为他们敲响警钟。

在西南大学（包括前西南师范大学）求学过的学生都领略过黄老严谨治学的科学研究态度。黄老是西南大学的“第一盏灯”，每天五点不到办公室的灯就亮了，第一件事就是关心学生们的学习和论文。有一年的清明节，为了学生论文的开题，他早上六点多给学生打电话通知学生。学生交上去的论文，他会用红、蓝、黑等多种颜色的笔标注，还会贴上各种指导性的条目，连标点符号的错误都会一一指出。他修改过的论文常常提醒学生们要严谨治学、认真做事、认真做人，常被学生们珍藏。

他常对新生们说："我在北大求学时最喜欢的有两件事：一是在图书馆博览群书，二是聆听名家的学术报告。我在北大学习的不仅是知识，更重要的是北大的精神——追求真理。"他认为，做科学研究就是为人类创造新知识作贡献，他不能确定将来的心理学家会持什么样的信念，进行怎样的探索。但他始终相信，从问题开始又以新的问题告终，乃是心理学家求解人类心理之谜的必然途径。

## 因材施教　学术民主

因材施教、学术民主是黄老50载教学最重要的两大原则。

因材施教是所有老师必须注意和贯穿教学始终的原则。黄老的研究生学科背景涵盖了文、理、工三科，面对专业基础、兴趣、性格、智力水平、智力倾向性均不同的学生，他没有像大多数老师那样"一刀切"，而是让他们在掌握最基本的心理学理论的基础上各自发展特点，发挥学科优势。曾有位对美育特别感兴趣的中文系高材生想读黄老的博士，黄老了解到她的学术背景和学术兴趣后，建议她进行美育心理方面的研究。黄老将她的学术优势与心理学理念相结合，因材施教，这位高材生后来在美育心理的学术研究上取得了重大科研成果和创新。更有位已有物理学教授资历的学生考黄老的博士，黄老为这位特殊的学生制订特别的科研计划提供了重要指导，建议这位教授结合心理学相关理论及其机制，与物理的学科特点进行研究，后来他在物理教学论方面取得了很大的进步，并成为国内知名的物理教学论专家。黄老常强调，作为一个教师就应该因材施教，有的学生喜欢搞应用，就鼓励应用；有的学生喜欢理论，就鼓励理论，不要强求。不要给学生定框框，规定只能这样做，不能那样做。

因材施教另一方面是充分发挥学生的自主性。他提出一个口号——学习要自立、自主。老师要充分相信学生、尊重学生，自主发展。学生自主学习很重要，不要老师说什么就是什么，要多问一个为什么。他还要求学生做作业时，不要做完了就完了，应该思考为什么这样做，还有没有其他方法解决。黄老常告诫学生学习是要靠自己的，不能为了学习而学习，学习的目的是提高创新能力和实践能力，成为对国家有用的人才。所以学习不能规定死，要做到发挥主动性，成为自主学习的人。因材施教强调学生的个性差异，发展学生的个性。然而，怪异的现象是学生们被批量生产，教学实行“一刀切”。因材施教要求教师尊重每一位学生的个性，包容个性差异，让每一位学生的潜力得到最大限度挖掘。

学术民主是黄老 50 载教学生涯的第二大原则。只有沉浸在自由、民主的研究艺术之中，才能创新，才能培养国际化的心理学人才。他始终认为教科书上的内容只是一种说法，也可能有错误的，它不等于绝对的真理，需要进一步发展。基于这样的思路，黄老对学生提出：凡是他写的教科书，他们都可以提意见，欢迎学生从不同角度提出建议，包括基本定义、理论等问题。有一次上普通心理学课，学生对他主编的《普通心理学》一书中对“注意”“兴趣”的定义有不同看法。书中对“注意”的定义为“注意是一种心理状态”，学生认为注意是很长时间的一种心理活动，定义为一种心理状态有失偏颇。他对学生提出这样的问题感到非常欣慰，说明学生们是带着思考看书，而且具有批判意识。他引导学生涉及心理常态和心理特征的关系，心理常态会不会转化为心理特征的问题。黄老的一贯风格是不给答案，学生自己查资料、自己分析、再讨论。再如“兴趣”，书上将其定义为“认知的倾向性”。有的学生认为只是从单一角度来讲，定义片面化，还应关注情感等方面。他喜欢这种敢于否定、敢于批判的学术精神，强调兴趣与很多心理现象相联系，教科书里只是一种传统说法。所以，黄老经常鼓励学生，他们也能写教材，并且树立一种观念：教科书是人写的，人写的就一定会有问题，今后他们写教材会有更加全面的阐述。

学术民主是大学思想百花齐放的精髓，是黄老开拓学生思维的方式。黄老喜欢和学生们就学术问题和观点进行辩论，虽然经常辩得不高兴了，但仍以开明的教学态度、民主的学术作风激励学生们成为有自己思想和观念的人。他敢于让学生有自己的观点与思想，允许学生与老师有不同的看法，甚至愿意接受学生的批判，激励学生用多元视角分析问题、解决问题。这是黄老的学术精神与研究气概。他的辩论并不是形式主义，通过辩论他经常捕捉到学生在辩证时头脑风暴迸发的创新观念，帮助学生将其转化成心理学学习和研究领域的新课题。学术民主不仅是教学原则，更是思维创新的保障。

古人云：“授人以鱼不如授人以渔。”黄老坚持学术民主，鼓励学生们勇于辩论就是培养学生们独立思考的能力和思辨能力，拓展学生的思维。心理学是一门特殊学科，既有宏大的理论体系，又需要丰富的经验沉淀，要求学生具有严密的逻辑思维和沉着冷静的心态。在与老师辩论的过程中，既夯实了学生的理论基础，又激励学生以更丰富的实践经验去检验自己的观点，也锻炼了学生沉着思考的态度。

## 广播育材种　润物细无声

### (一) 寓教于乐的散步教学法

在布满晚霞的西南大学，满头银丝的黄老总是携三两学生散步于校园幽静的林荫道上。“散步教学法”是黄老有目的的教学方式：一是节省时间，寓学术讨论于锻炼身体，劳逸结合。这时，他是老师，亦是朋友，更是一位慈祥的长者。既是漫步，又作学术和人生探讨。如今，这已然成为了西南大学校园独特的一景。

黄老一生都在“抢”时间，每天的时间当几天用，散步教学法正是在节省时间。为了补回我国高校心理学教育被耽误的10年时间，重新开设普通心理学课程，他开始千方百计地搜集最前沿资料，在家中仅有的一台缝纫机上完成了普通心理学讲义的写作。重庆炙热的夏天气温高达40℃，条件有限，没有空调，他便把脚放在冷水里面坚持写作。长期的伏案写作引起了腰痛，后来干脆站着写。二是“逼”学生逐步达到无师自通的境界。他善于启发拓展学生思维，从不给学生答案、不设定框框。“无师自通”是散步教学法的最终目标。老师只是引路人，学生必须自主学习、探索实践才能将研究做好。黄老常教导学生，搞学问、搞科研要有自己的思路，如果老是跟着别人走是无法创新的。科学研究是一种自由的艺术，是无拘无束地独立思考。因此，散步教学法的方式也极具特色。

无书本，带着问题来，师父引进门是散步教学法的基本要求。散步时没有书本，却不是随意散步聊天，黄老要求学生带着问题来，因此人数不宜过多。学生可将最近学习遇到的问题与老师分享。此外，散步教学法还延伸至其他场合，如黄老出差途中，学生可接、送黄老，但必须带着问题来。他首先会分析学生的问题，再提供分析和解决问题的思想与途径，推荐相关书籍、杂志。他

认为心理学解决问题的方法、思路是一种行为的、认知的、精神分析的、文化的等。他常鼓励学生“读书贵在思考”；让勤奋学习，善于思考成为习惯，查阅书籍杂志时，除了懂得其中的道理，还要从不同角度去观察、思考这个道理是否具有真理性；阅读文献资料，要先读懂，同时要质疑；要用自己的头脑思考，不要盲从，怀疑或批判要有依据。

无答案，带着问题，思考靠个人是散步教学法的目标。散步教学法有连续性，并不只是一次散步就结束，学生带着分析和解决问题的思路，结合相关书籍、杂志，提炼自己的观点，提升独立分析问题、解决问题的能力。第二次散步时再和老师讨论，老师作出反馈。经过多次的练习，学生对心理学问题的分析有了自己观点，最终能达到无师自通的境界。西南大学心理学部的本科生、研究生都积极参与到散步教学中，得到黄老的指点，研究生阶段基本能独立解决问题。

科学研究需要灵感，散步时是黄老灵感迸发的最佳时期，漫步思考、讨论都能激发无限灵感。一位学生回忆道，黄老散步时脑子里突然有新的思路，就会尽快地把这个思路传递给他。他清晰地记得，有一次黄老脑海里迸出“时间洞察力”的理念，当时眼睛是发着光的，那种兴奋与陶醉让他震撼，那是对学术的一种沉醉。

### （二）别具一格的“周二座谈会”

“周二座谈会”是培养研究生的一种方式，也称研讨会，是大学里较为传统的教学方式。而黄老却将其创新并制度化，寒冬酷暑雷打不动。每周二下午，西师街综合楼多媒体教室里，他引领门下研究生进行交流学习，成为研究生培养的最有效的特色教学。因此，常有其他学生慕名而至，有的甚至成为“常驻”人员。

座谈会以学生为中心。学生展示并汇报所写文献综述的创作过程、思路、困惑及研究实验的进度，而黄老则负责启发和总结。

启发——黄老重视思维的启发与拓展，座谈会上要求每个参加的学生都以主人翁的态度来提出意见。对作报告的同学提出修改、补充意见。发言要有批判意识，学会找问题。有一次的座谈会，一位研究生的汇报主题为“勇气”，待汇报完毕，他则启发学生应从哪些角度来研究、提问，勇气可从“个人的勇”“小我的勇”“大我的勇”研究，分析三方面的功能及关系。如果既一样又不一样，如何将其结合，怎样界定使大家都能接受。勇气可不可以从功能角度、现象学角度来研究，对于这些问题，先让大家思考，然后总结。

总结——要求作报告应做到言为心声。作学术报告不能不停地看稿子，他建议学生们看央视的“百家讲坛”，学习专家的讲课技巧。好的学术报告不能平铺直叙，要不断抛出问题，解决问题，所举案例要能吸引人又要有说服力。

黄老曾说，“希望研究生养成‘勤奋、严谨、创新、求实’的好学风。成才的决定因素是勤奋，没有吃苦精神做不出高水平的学术成果。勤能补拙，勤能促智。勤奋就是科学地管理时间，管理时间就是管理自我。严谨就是严密谨慎，子曰：‘敏于事而慎于言。’这些都是做好科研的必备条件。‘创新、求实’与小平同志讲的‘解放思想，实事求是’是一个道理；改革开放，首先是解放思想，然后是实事求是，摸着石头过河；搞科研，首先是要有新假设、新思路，然后是小心求证、实事求是。没有新假设、新思路不可能出像样的科研成果，而勤奋、严谨是产生新想法、新思路的前提条件。”③

目前，国内多数高校也采取研讨会的方式教学，大多是形式主义，为讨论而讨论，讨论氛围不浓。学生发言机会较少、意愿较低，研讨会常成为老师的“一言堂”。不稳定因素较多，常因小事取消或推迟，而黄老的“周二座谈会”却成为了学术思想碰撞的最佳平台。

黄老的夫人曾说，他是研究时间心理学的，但他的时间观念是最淡薄的。他经常忘记自己的时间，记不住什么时间吃药。但他又惜时如金。对学生的学业、学术的节点等方面绝对不会含糊。他是精确到天，精确到小时，甚至是精确到分钟的。

半个世纪以来，黄老出版了50余本学术著作，发表论文300余篇，撰写了一系列优秀的心理学教材，培养硕士、博士近200名，为我国心理学教育作出了卓越的贡献。2012年的夏天，得知自己入选“教书育人楷模”后，黄老决定取消去外地看望儿女的计划，他回到和夫人曾居住了10多年的老屋，静静地把当年夫人为自己抄写第一本《普通心理学讲义》的案桌——缝纫机反复地擦拭了几遍。在老屋中独自待了一下午……

接下去他将继续进行新书的写作。他希望学生们能为我们13亿国人服务，把我们中国的心理学做强做大，在世界上有自己的地位。

---

③黄希庭：“谈科研、学习、修养——与研究生的随谈录”，载《西南大学学报》2011年第5期。

# 追求卓越 第四部分

ZHUIQIUZHUOYUE

ZHONGGUO HAOJIAOSHI

# 中国好教师 章开沅

ZHANGKAIYUAN

作为历史学者，他不媚世俗，独立果敢，不断开拓一个又一个的研究领域，对真相无穷尽追寻的同时，唯愿后来学者在其基础上走得更远。教学有方施化雨，育才无类沐春风。作为教育工作者，他以陶行知的“爱满天下”为己任，甘当“铺路石子”；他关注教育问题，疾呼教育改革；恪尽师者职责，他呕心沥血，终得桃李满园芳。

# 治学不为媚时语，独寻真知启后人

◎赵玉莲

2015 年 1 月 2 日，《中国教育报》第 5 版人物刊载《面孔 2014》专题，盘点 2014 年全国教育领域的八大影响力人物，著名历史学家章开沅先生入选。作为历史学者，他不媚世俗，独立果敢，不断开拓一个又一个的研究领域，对真相无穷尽追寻的同时，唯愿后来学者在其基础上走得更远。教学有方施化雨，育才无类沐春风。作为教育工作者，他以陶行知的“爱满天下”为己任，甘当“铺路石子”；他关注教育问题，疾呼教育改革；恪尽师者职责，他呕心沥血，终得桃李满园芳。

## 高风亮节弃名利，让位英贤展新生

2013 年末，章开沅先生向华中师范大学递交了一份特殊的报告，表达了请辞“资深教授”的愿望：“年迈退休，应属当然，荣誉可能终生，工作自有了时。”同时表示：不享受其他待遇，只拿离休工资。日本千叶商科大学教授、章门弟子赵军说：“老师研究辛亥革命，更践行了辛亥革命‘敢为天下先’的精神。”作为人文社科界辞去资深教授的第一人，章老的请辞在社会上引发阵阵涟漪。

我国目前在人文社科领域没有设立院士头衔，而是由高校自我评选具有很高学术造诣、良好学术道德风范的人文社科类知名学者，冠以“资深教授”称号，享受两院院士同等待遇。章开沅教授是国内辛亥革命研究的开拓者和学术权威，2002 年被评聘为资深教授，是华中师范大学目前两名资深教授之一。十八届三中全会明确提出，要改革院士遴选和管理体制，优化学科布局，提高中青年人才比例，实行院士退休和退出制度。北京林业大学的沈国舫院士于 2013 年 11 月向学校表达了退休的意愿，未获学校批准。如今章开沅请辞资深教授一事，再度引发对院士终身制改革的热议。

据章开沅自己讲，当在 2002 年被评为“资深教授”时，他其实是很高兴的。“2002 年我还不到 80 岁，雄心勃勃，全世界到处跑，一个人到很多国家去做学术交流，觉得评这个头衔心安理得，代表自己能胜任工作。”“当时理工科都有院士，文科没有。评我当资深教授，我想着为文科出了一口气。”①然而，作为有良知的史学家，章开沅没有一味沉浸于荣誉所带来的鲜花和掌声之中，敏锐的他在满园芬芳中嗅出了腐烂的味道。他说，“现在了解西方的各种评定，对比一看，我们都走样了，国外的院士、资深教授没什么特别待遇，台湾也是，就是给你一个荣誉，没有钱，也没有整套的福利待遇。”而在中国，“学术头衔终身制，把高校变成了一座‘围城’，走进这座‘围城’，就等于拥有高待遇、高津贴。”②“院士到处兼职，有些院士在多家单位身兼数职，导致院士越来越利益化，高校也不惜天价聘院士、挖院士。”③

其实，章开沅教授退休想法始自 2007 年，但从 2011 年辛亥革命百年纪念到 2013 年华中师范大学 110 周年校庆，各种似乎“必须”出席的活动，让章

①② 朱柳笛：“章开沅：请辞资深教授是‘自我革命’”，载《新京报》2014 年 3 月 29 日。
③ 华大在线：“学海无涯远航人——记章开沅的荣休会”，2014 年 6 月 10 日。

老的欲退之念迟难付诸行动；奔走于全国参加各类研讨会，也让耄耋之年的章开沅渐觉力不从心；而终生享受“资深教授”的优厚待遇，又让他内心深感不安。[④]事实上，针对外界传言资深教授在专车、豪宅、医疗等方面的特殊待遇，章先生告诉笔者：“唯一的不同就是当了资深教授后每年有10万块钱的补助，别的没有什么，都和过去的一样。”即使如此，章先生依然请辞。在他心中，当今的大学体制就像一堵墙，而他想打破这堵墙，出去透透气。

章先生告诉笔者，“本来一个学者可能应该和现实多保持一些距离才好，躲在书斋里面做学问更好，但我偏偏选择了一个经世致用的道路，我自己叫做参与的史学，这个参与就是进入泥沼不能自拔。”参与的史学决定了章开沅不可能“躲进小楼成一统，哪管春夏与秋冬”，而是以“良史之忧忧天下”，在保持独立的学科品格和个体人格的同时关注现实，参与现实生活，参与历史的创造。因此，当学术头衔终身制弊端显现，大学体制出现危机的时候，作为有良知的史学家，章开沅不可能沉默。正如他对《新京报》记者所言：“你问我为什么要突破围墙，人生活在这里，如果不瞎不聋、还有点意识、有点良知的话，是很不舒服的。”[⑤]作为既得利益者，他要“自我革命”，打破“体制”的围墙。

对于请辞，章开沅还有另一重考虑：到了年龄干不动了就主动让贤，把更多机会让给年轻人。他在请辞报告中写道：“现今学校、学科形势大好，后继有人，英才辈出，实乃敝人急流勇退，圆满谢幕之良机，庶免挂名装点尸位素餐之过失。”[⑥]章开沅经常以早年接触的周恩来总理、胡耀邦书记、杨东莼、黎澍等老一辈学者为榜样，深切地感到年轻人是需要爱护和精心培养的，为此他耗尽心力为青年人的成长铺路筑桥。他经常说：“为造就青年学者开路，为发展学术交流搭桥，这就是我的人生追求。”

---

④人民网：“章开沅 请辞的资深教授”。

⑤朱柳笛：“章开沅：请辞资深教授是‘自我革命’”，载《新京报》2014年3月29日。

⑥华大在线：“学海无涯远航人——记章开沅的荣休会”，2014年6月10日。

有人拿章开沅请辞和季羡林请辞自己头上的三项光环——国学大师、学界泰斗、国宝相比，赞扬他淡泊名利之高风亮节。章开沅在此充分显示了学者的谦逊风范，他说，“我不能跟季老师比，他是泰山北斗，我是底下一个小土堆，但偏偏搞得沸沸扬扬的。”⑦诚然，章开沅之名或许不如季老三项光环那么璀璨耀眼，但坚信“做与不做，大不一样”，在教育界第一个打破终身制的壮举，试问，又有几人能真正做到？在巨大的名与利面前，有几个人能够做到主动舍弃？章开沅最难能可贵的，是他的守护良心、淡泊名利和舍得放弃。有网友评说：“人们都说知识分子应是一个国家的脊梁，但这些年中国的很多‘脊梁’好像都得了软骨症，大多只去努力争取利益或者竭力维护它，今天看到章开沅先生请辞资深教授的消息，很震惊，这正是当今社会的稀缺资源。他的此举，可能会引来无数既得利益者的嘲讽和骂声，但我坚信，有良知的国人，都会支持章老先生的。”⑧

荣休会的最后，章开沅先生发言说：“我退了只是少拿了国家 10 万元钱，但有了包括自由、尊严、意志、知识精神的一切东西。”⑨作为陶行知的崇拜者，章开沅用对青年学子的爱，诠释着陶行知“捧着一颗心来，不带半根草去”“爱满天下”的教育家精神；作为蔡元培的崇拜者，章开沅用请辞行动刻画了蔡元培独立自由之意志。

## 治学不为媚时语，独寻真知启后人

章开沅曾说，他的一生有两件事可以写在墓志铭上：一是把我们的辛亥革命研究推向世界，二是把外国的教会大学史研究引进来。无论是 20 世纪 50 年代即开始的辛亥革命史研究，还是在花甲之年开始新的人生挑战——成功开垦国内教会大学史研究的处女地，章开沅在这两个领域的卓越成就、奠基作用及

⑦ 朱柳笛：“章开沅：请辞资深教授是‘自我革命’”，载《新京报》2014 年 3 月 29 日。
⑧⑨ 华大在线：“学海无涯远航人——记章开沅的荣休会”，2014 年 6 月 10 日。

领航方向，使他成为当之无愧的近代史专家。而20世纪80年代末，在机缘巧合之下开始并不断深入的南京大屠杀研究，更彰显了章先生作为学者抑或史家的独立品格。

1988年，章开沅应邀赴美参加中国民主运动史国际学术研讨会。会后他趁学术休假的良机，来到耶鲁大学神学院图书馆，查阅1949年以前在中国设立的13所教会大学的珍贵档案资料。在翻阅资料的时候，章开沅意外发现了他在金陵大学读书时的老师贝德士生前所保存的全部文献。其中有一大批“南京安全区国际委员会”的档案，包括该会来往公文及其许多成员的私人信件、日记、备忘录、文稿等。在粗略检阅这批资料后，章开沅被贝德士和“南京帮”置生死于度外、大无畏救助中国难民的精神深深震撼，又回忆起青少年时期全家因日本帝国主义的血腥侵略而被迫西迁，过着颠沛流离的生活。而此时，日本右翼分子正在大肆宣扬南京大屠杀虚构论，试图篡改历史。作为受害最深重的中国公民，作为一名历史学家，章开沅无法容忍“血写的历史”被掩埋。[10]他慧眼识珠，十分敏锐地意识到这批文献资料的价值，但苦于时间仓促，加之校务牵绊，直到1991年7月，章开沅与妻子黄怀玉再度前往耶鲁大学，住在靠近神学院图书馆的学生宿舍，潜心系统阅读贝德士文献。他在图书馆特藏室档案堆里泡了整整8个月，经逐卷查阅，从中整理复印了1000多页有关南京大屠杀的珍贵史料，记录并翻译的资料有厚厚的四五本笔记。但是因为不分昼夜地埋头于故纸堆，一边看，一边翻译，一边做笔记，章开沅右眼视力陡然下降至0.06，近乎失明。直到1994年春结束海外之旅返回武汉，章开沅才有时间把这批复印资料初步加以整理归类，并于1995年7月出版了《南京大屠杀的历史见证》一书。他在书中对贝德士文献作了初步介绍，并以此为依托，向读者展示南京大屠杀的真实面目，尤其是贝德士等一批美国传教士生死与共，无私救援20多万难民的英勇事迹。

---

⑩ 刘莉：《史海远航——章开沅传》，江苏人民出版社2013年版，第110页。

1995年，为纪念抗日战争胜利50周年，章开沅与旅美华裔女导演汤美如合作，编译出版了《南京：一九三七年十一月至一九三八年五月》一书。该书图文并茂，收录了章开沅、谭道平、罗慕士（美国）、洞富雄（日本）等学者的相关文章，以及贝德士等美国传教士对南京大屠杀的真实记录；也收录了亲历南京大屠杀的两个中国人的叙说，还有汤美如的电影摄制组两次在日本采访退伍军人、前情报员等的记录，[11]海内外许多新闻媒体特别关注并争相报道。这两本书的出版，可以视为章开沅开始深入研究考证南京大屠杀的标志。他们复原了历史原貌，有力回击了日本右翼势力的谬论。

1998年5月，章开沅再度前往耶鲁神学院图书馆，对有关“南京大屠杀”的藏档进行地毯式的全面搜索，并于1999年9月编译出版了《天理难容——美国传教士眼中的南京大屠杀（1937—1938）》一书。此书中，章开沅在引用贝德士文献时尽量照录，不作删节或少作删节，让读者直接接触当时、当地、当事的第一手材料，以便作出自己的独立判断。2005年，章开沅花费大半年时间编著了《从耶鲁到东京——为南京大屠杀取证》一书。该书记录了章开沅从事南京大屠杀研究的缘起、经过，以及他从耶鲁到东京这一良知之旅中同日本右翼势力的不懈斗争，是他从事这一研究近15年的一个总结。[12]

章开沅对南京大屠杀的研究不是书斋里纯粹的学术，除了著书立说，他还积极参加取证和揭露南京大屠杀的真相活动，与主持正义的各界人士一起驳斥右翼势力的种种谎言与谬论，足迹遍及中国、日本和北美。章开沅曾说，现在我们去研究南京大屠杀，研究中日历史问题，目的不是增加仇恨，更不是算老账，只是要铭记历史，珍惜现在，保护未来。受章开沅和其他中日维护历史真相人士的精神感召，越来越多的日本民众加入到同日本右翼势力作斗争的行列。有的日本侵华老兵在听了章开沅的讲演后，表示忏悔。也有普通民众自发地组织起来，成立了“南京铭心会”这样的民间团体，表示要牢记历史。

⑪⑫ 刘莉：《史海远航——章开沅传》，江苏人民出版社2013年版，第110页。

章开沅在研究之余十分注重与国内外的学者进行交流，其言传身教激发并带动了一批年轻学者研究南京大屠杀。值得一提的是华裔张纯如女士。与章开沅偶然结缘，并在其指引下，张纯如开始接触相关史料，于1996年10月发现了南京大屠杀研究核心材料之一《拉贝日记》。随后她又出版了研究南京大屠杀的力作《南京暴行：被遗忘的大屠杀》，提出“忘记大屠杀就是第二次大屠杀”这一发人深省的观点，在国内外引起了巨大反响。在章开沅的关心下，曾在华中师范大学中国近代史研究所攻读硕士学位的彭剑，顺利完成关于南京大屠杀研究的硕士论文；长期研究日本浪人与大亚洲主义的赵军，在2012年推出专著《日本右翼与日本社会》。

按照章开沅所说的，有一种力量，或者说一种召唤，使他投入这项工作中。这种力量，是“治学不为媚时语”的学者独立人格；这种召唤，是“独寻真知启后人”的求真研究史观。

## 教学有方施化雨，育才无类沐春风

春风化雨，润物无声。中小学老师、金陵大学的中外教授，以及后来在学生道路上给予指导和帮助的杨东莼、黎澍等学术前辈，他们的育人与治学思想都深深地影响了章开沅。以这些老师和学术前辈为榜样，章开沅在他60余载的为师生涯中，为学生树立了良好的师者风范。章太炎夫人汤国梨早年有诗云：“春蚕不肯无情死，吐尽丝还化蝶来。”章开沅就是这样的“一只蚕”，倾其一生所有教育学生是他始终不渝的追求。他经常说：“我喜欢教师这个职业，我喜欢学生，学生也喜欢我，这就是最大的幸福。”[13]不论是作为大学校长，还是一位学者，抑或是一名普通教师，学生始终都是章开沅挥洒爱心最多的对象，得天下英才而教之始终是他的人生追求。

### （一）师者榜样，爱满天下

1948年，年仅22岁的章开沅从金陵大学辍学奔赴中原解放区，斗志昂扬的他意图参加战争解放全中国，不料当时解放区亟需人才，来自南京名校的他被分配到干部培训班。1949年12月，中原大学随军队南迁至武汉，章开沅也一同来到武汉。章开沅常常自我解嘲：“我的职业像包办婚姻，通常应该是先恋爱后结婚，我却是先结婚后恋爱。”[14]

正如他对笔者所言，“我是个随遇而安的人。”1950年正式担任历史系教师后，他逐渐喜欢教师这个职业，并在随后的60余载光辉中兢兢业业，呕心沥血，培养了许多杰出人才。

教学伊始，由于办学规模突然扩大，教学任务相当繁重而教学人员缺乏，章开沅先后教过历史班，历史专修科，历史系本科，教育系的中国近代史、革

⑬ 章开沅：《章开沅演讲访谈录》，华中师范大学出版社2009年版，第156页。
⑭ 刘莉：《史海远航——章开沅传》，江苏人民出版社2013年版，第40页。

命史等课程，经常是一学期3门课，一周13个课时。历史班的学生都是中南五省抽调的优秀教师，有些已从教一二十年，而登上讲台的章开沅却连大学本科都没读完。第一次给这些学生上课前，章开沅感到压力很大，晚上挑灯夜读，赶写讲稿。没想到，这些“大”学生都乐意听他讲课。课下，他还广泛阅读范文澜等学者的相关著作，同时自编中国近代史本科教学纲要，同行老师都反映较为适用。除了上基础课，章开沅还为全校作报告。1956年的一天，当他正在作报告时突然咳出血来，他赶紧用手帕捂嘴，强忍咳呛，用铿锵有力的激情话语结束报告。稍作休息之后到校医务所打了仙鹤草素针药止血，之后仍投入教学工作，没有请一天假。经过多年锤炼，这个学生眼中的“小老师”已俨然成为老道的教学高手，上课时驾轻就熟，挥洒自如，他也以自己的才识和品德赢得了一届又一届学生的尊重和爱戴。一位退休历史老师曾回忆说：“1961年在华师大操场，全历史系四五百学生集中听章开沅先生的大课，这是前所未有的。他当时是历史系最年轻的讲师，穿一件挺括的浅蓝色衬衣，英俊帅气。讲的是辛亥革命时期资产阶级的两重性，分析得精辟透彻，全场鸦雀无声，讲到精彩处，全场爆发出一阵阵掌声。40多年过去了，至今我还难忘。”⑮后来在谈及自己的教学经验时，章开沅说：“作为一名教师，并不希望学生记住自己在课堂上讲的每一个结论、每一句讲辞，但如果有一两个富于启发性的问题，有一两句富于思想性的话语，能给学生留下深刻的印象，引起学生思考，这堂课就是成功的。”⑯

笔者去拜访时，恰逢章先生刚从江西师范大学讲学归来。当被问及对教育的看法时，章开沅说：“过去有句笑话‘爱在华师’，讽刺华师谈恋爱的学生多，我却说，就是爱在华师。教育本身就是一种爱，不是男女情爱，是像老狐狸哺乳小狐狸，教它生存技能，待小狐狸学成之时果断赶走一般，是一种大

⑮ 华中师范大学中国近代史研究所：《春风化雨，润物无声：章开沅八十华诞纪念集》，华中师范大学出版社2005年版，第261页。

⑯ 刘莉：《史海远航——章开沅传》，江苏人民出版社2013年版，第44页。

爱、博爱。”章开沅坚信，爱是教育的起点又是教育的归属。他用自己的实际行动，丰富了大教育家陶行知的那句话：“爱满天下。”

### （二）情系教育，呼吁改革

除了在近代史领域的卓越贡献，章开沅还有一段广为人知的经历，即出任华中师范大学校长。1983 年，当时的华中师范学院领导班子换届，在不记名投票海选中，章开沅竟然得票最高。这个结果完全出乎他的意料，但在学校大多数教职员工心里，章开沅在学术上颇有建树，在生活中一身正气，坦坦荡荡，是院长一职的不二人选。1984 年 4 月，章开沅正式上任。面对“文革”后百废待兴的摊子，他临危受命，义无反顾，勇往直前。

章开沅在充分借鉴陈裕光、蔡元培等著名校长的先进办学理念基础上，广泛吸纳各方意见，同时结合学校实际，在办学方针、管理制度、各系所收入分配制度、教学环境改造、学分制和自主选课制度、校园文艺活动、引进人才等方面进行了大刀阔斧的改革，从而打开了学校发展的崭新局面，学校也在半年内更名为华中师范大学。同时，面对改革开放后国际间校际交流日渐频繁的趋势，章开沅果断提出“在开放中求改革，在竞争中求发展”，而“开放是向社会开放，向世界开放；竞争是走出湖北，走向全国，走向世界，在全国和世界范围内奋发图强。”他以校长身份出访海外，与欧美等十几所高校建立了稳定的交流合作关系，学校及师生从中受益颇多。为了使高校教学科研更好地服务社会，章开沅提出“校—市”“校—县”的“联姻模式”，收效良好。在引领华师的 6 年时光里，章开沅可谓是披荆斩棘，呕心沥血。

1990 年 8 月，章开沅卸下校长职务。但作为一名教育家，他始终放不下教育这个重担，一直在关注我国高等教育的发展。21 世纪以来，由于实施量化的、刚性的指标体系，大学变得急功近利、学风浮躁乃至舞弊丛生。对此，章开沅通过演讲、撰文等形式，疾呼教育改革。章开沅提出“两个回归”：一是回归大学本位，二是回归教育本位。[17]针对高等教育跨越式发展，盲目扩招导致的功利化、庸俗化等一系列问题，章开沅在《谁在“折腾”中国的大学》一文中认为，“大学没有自我完善的空间，校长没有自我完善的胆识”导致“高教在错误的道路上走得这么久、这么远”。[18]针对学风与书评中的拼凑、抄袭等现象，章开沅提出“学风是世风的反映，学风也应成为世风的先导。学风随世风堕落，随波逐流，乃至同流合污，这是最可怕的事情。”[19]就高等教育市场化的急功近利思想，章开沅强调，“教育不是为适应市场需求，高等教育要加强通识教育，加强人文精神与人文关怀，以期与物质文明的高速发展相协调。人文精神教育不仅对提高精神境界和高尚情操起重要作用，而且在训练和树立人的理论思维和科学信念上有不可忽视的价值。”[20]章开沅同样重视高校创新人才的培养，指出高校要做好“四个坚定不移”：坚定不移地守住基础研究，重视理论基础和动手能力；坚定不移地做科学最前沿的研究；坚定不移地走国际合作的道路；坚定不移地培养人才，培养接班人。[21]唯有这样，才能根深叶茂，源远流长。

### （三）春风化雨，桃李芬芳

1979年，章开沅开始招收中国近现代史专业硕士研究生，1983年，极负盛名的华中师范大学历史研究所中国近代史学科成为全国首批博士学位授予权的学科点，章开沅成为全国首批中国近现代史专业三位博士生导师之一。许多有志于从事中国近现代史研究的青年学子纷纷慕名前来报考。如今，30余载弹指一挥间，章门早已是满园芳、遍天下。执教65年，章开沅先生培养了诸如日本千叶商科大学的教授赵军，中山大学特聘教授桑兵，华中师范大学近代史研究所所长、长江学者朱英，中国社科院研究生院近代史系主任虞和平等一大批活跃于国内外社会各界、特别是学术界的知名学者。对于章门弟子的突出成

⑰ 章开沅：《章开沅演讲访谈录》，华中师范大学出版社2009年版，第177页。

⑱–㉑ 章开沅：《20后寄语90后——章开沅小品文选集》，华中师范大学出版社2013年版，第30～201页。

绩，中山大学陈锡祺教授称赞道："天下文章一石，八斗出在武汉。"㉒

就是这样一位桃李满天下的导师，当被问及如何培养杰出人才时，章开沅坦言："人家说名师出高徒，我讲高徒出名师，学生争气给我争光了，把我抬高了。所以我不大强调自己的作用。"他经常说："我不敢自称人梯，因为我缺乏科学的高度。"在他眼里，所谓"人师"，无非是"甘当铺路石，让青年学者成长的道路稍微平坦一点，可以比我们前进得更快更远。"他曾引用清朝龚自珍的诗句"一事平生无崎屹，但开风气不为师"来形容师者风范，他说："这种无声的师无形的师，不自以为师而人尊之为师的师，乃是最高层次的教师，潜移默化的教育，其精神堪称万世师表。"㉓

"如果说我真起到什么作用的话，首先就是我还有些辨别力，有教无类。"章开沅告诉笔者说，"学校名气和考分都只是一方面，仅靠这个是不行的，要不然就错过了好的人才。恰好是那种来自基层，没有很好条件苦学出来的更可贵。"章先生胸怀坦荡，平易近人，无任何门户之见，只要是勤奋好学的青年学者，他从来都是热诚相待，尽力扶助。当代国内外研究中国近现代史的青年学者当中，许多人都曾以不同的方式受到过章先生指导或影响。章门弟子来源广泛，既有来自不同学科背景的，也有不同工作领域的。有一位学生叫傅鸿兴，学工程的，20 年来在没有经费、没有导师、完全靠工作空闲时间自学的情况下，潜心研究钱基博。他人 40 多岁，英语也不好，专业基础又不太好。章开沅了解后却特招他为博士。现今《钱基博全集》即将出版，人还没毕业就被西南大学招去担任学科带头人。

章开沅对研究生的培养倾注了极大的热情和心血。他是研究生们公认的严师，对每一位研究生学业论文、特别是毕业论文都是高标准、严要求。但是，他从不苛求大家必须局限于自己的研究领域、完全接受自己的学术观点，而是

㉒ 刘莉：《史海远航——章开沅传》，江苏人民出版社 2013 年版，第 93 页。
㉓ 章开沅：《章开沅演讲访谈录》，华中师范大学出版社 2009 年版，第 144 页。

鼓励大家自觉根据自身的特长与兴趣探索新的领域，只要是掌握了充足的第一手史料，就应当大胆地提出自己的见解，而不要囿于条条框框或所谓权威论断。因此，经他培养的历届研究生，大都具有严谨扎实的学风，勇于开拓、富于创新的特点，从而赢得学术界的普遍好评。章开沅同时主张，为学生提供一个宽松的学术环境比单纯教给学生知识更为重要。他常常对学生讲两条：第一，如果你的选题我认可了，政治责任我负。第二，没有老师学生这种等级观念，学生可以和老师有完全不同的意见，师生间应该是平等的教学相长的关系。他很欣赏老一辈的留学生在国外教授家里那种随意轻松的学习氛围。“通过相互问难、热烈讨论乃至课余无拘无束的对话，从治学经验到人生真谛，处处都体现了传道、授业、解惑的复合功能。”[24]因此，他经常邀请学生到家中一个人一杯茶，进行倾谈式的自由讨论。他说，“不要把讲课变成一个老师单方面的举动，要把学生的积极性调动起来。学生不是个简单的容器，是个活生生的人，而人提倡的是交流。”

为了尽快培养高素质的青年人才，章先生总是不遗余力地为研究生和青年教师们提供和创造各种机会和有利条件，使他们少走自己这一代人走过的弯路。他曾形象地将自己比喻为“一只忙忙碌碌的老鸡，成天到处啄啄扒扒，如发现什么谷粒、昆虫之类，便呼小鸡前来会餐。”他积极为学生搭建学术交流平台，把他们推到国内外讲坛的风口浪尖上加以磨炼。章开沅说，他给学生促成了一大笔“余磬”，那就是国内外许许多多的道义之交。从70年代末在东京大学收集日本大陆浪人文献，到80年代在苏州档案馆勘察商会档案，再到90年代在耶鲁大学检阅教会大学史档案，他都为研究生和青年教师们的学术成长发挥了直接的引导作用，从而开辟了商会史、教会大学史等一些新领域，使一批青年学者很快脱颖而出，受中外学者的关注和高度评价。

1992年6月，当章开沅即将离开生活工作了一年的耶鲁大学时，该校两岸

---

㉔ 章开沅：《章开沅演讲访谈录》，华中师范大学出版社2009年版，第144页。

学会的一位同学饱含深情地赠给他一首诗："桃李满天下，文章鬼神惊。讲学广会友，寻道每怀情。侃侃谈国事，谆谆励后生。男儿轻聚散，唯愿海河轻。"充分表达了海外青年学子对他的崇敬和感激之情。2008年5月，南开大学著名教授梁吉生在昆明听了章开沅演讲之后，感触良多，赋诗一首，赞扬章开沅对年轻后生的谆谆关爱和真情："慷慨诉心声，危言唤清风，耄耋豪气在，谦然慕陶公，史家多关爱，五四赤子情。"㉕华师历史系1960届毕业生姜朝彻也曾赋诗，概括了章开沅的育人功绩："奕奕精神谦且恭，高龄七六貌还童。行堪轨范言堪法，傲骨凝寒不老松。教学有方施化雨，育才无类沐春风。等身著作传中外，史笔凌云一代雄。"

荣休后的章开沅，卸去了资深教授的光环，却多了一份做人的真实，所谓高风亮节，也不过如此；看似机缘巧合的接触，却能著书立说、步步深入，让真理昭然若揭，所谓历史学家，良知最重；六十余载育英才，桃李春风芳满园，以爱满天下为己任，非呕心沥血所比拟。所谓教师，不外乎育真人。章开沅曾言："历史是已经画上句号的过去，史学是永无止境的远航。"这不仅是他一生治学历程的映射，也是他做人、为师精神的写照。章开沅就是这样一位领航人，带领我们做真人、探真理、育真才。

㉕ 刘莉：《史海远航——章开沅传》，江苏人民出版社2013年版，第95页。

ZHONGGUO HAOJIAOSHI

# 中国好教师 潘懋元

PANMAOYUAN

“他94岁，用了79个年头，执著于一件事，并成就了这件事。他对物质几无所求，得天下英才而育之，才是其毕生所寻。”

——引用《人民日报》对潘懋元荣获2014年“全国教书育人楷模”评语

# 敢为人先，开辟高教研究新天地

◎陈 斌 李木洲

他敢为人先，将教学与科研紧密结合，不懈探求高等教育办学规律，成为中国教育学界一代宗师。他培育英才，亲身示范，爱生如子，并指导和培养青年教师，被众多教师视为从教楷模。他积极探索中国精英人才培养模式，形成了卓有成效的研究生培养特色，为国内外高等教育界所重视。他教泽广被，受他教诲的学子遍及全国各地多个领域。他，就是年逾九旬的潘懋元先生。

## 敢为人先，开创学科新领地

早在20世纪50年代，潘懋元先生就敏锐地感觉到“不能把大学生当成小学生一样来教育”，倡议建立高等教育学新学科，以促进高等教育的改革与发展，培养社会主义现代化建设需要的高级专门人才。1957年7月，潘懋元先生同厦门大学教育学教研组的老师编写了国内首部《高等学校教育学讲义》，并油印数百本，除供校内使用外，还寄出部分给其他综合大学及师范学院交流，这是中国高等教育研究史上为建立高等教育学学科进行的第一次重要探索，为后来中国高等教育学学科的诞生奠定了重要基础。

1978年，潘懋元先生在《光明日报》发表论文《开展高等教育理论的研究》，第一次向世人展示了高等教育领域研究的广阔前景。同年又在《厦门大学学报》发表《必须开展高等教育的理论研究——建立高等教育学科刍议》，并指出："开展高等教育理论研究，不仅是为了解决高等教育的特殊问题，对于丰富整个教育科学的研究内容，促进整个教育科学的发展与提高，也具有深刻的意义。"正是这两篇论文，揭开了中国高等教育学的研究大幕，对后来以科学方法研究高等教育起到了启蒙和指导作用。潘懋元先生始终站在高等教育研究的最前沿，关注最新动向，他以辛勤的工作和开拓性的探索，写下了中国高等教育学领域的数个"第一"：1978年，他在厦门大学创建了我国第一个高等教育研究机构——厦门大学高等教育科学研究室，任研究室主任；1979年，他和上海高教局以及其他6所大学的学者召开了第一次全国高等教育研究会，筹组中国高等教育学会，负责筹备工作；1981 年，厦门大学高等教育科学研究室招收了全国第一批高等教育学专业硕士研究生，他成为我国第一位高等教育学的硕士研究生导师；1984 年，厦门大学高教所被批准为我国第一个高等教育学硕士学位授权单位，同年，潘懋元先生主编的《高等教育学》出版，这是中国第一部高等教育学专著，奠定了该学科的理论基础；1986 年，厦门大学高等教育科学研究所又获批为我国第一个高等教育学博士点，潘懋元先生成为中国第一位高等教育学科的博士生导师；1988 年 7 月，经原国家教委批准，以潘懋元先生为带头人的厦门大学高教所成为高等教育学领域唯一的全国重点学科点；1997 年 7 月，该所被批准获得国家唯一的高等教育学科“211 工程重点建设项目”；2000 年 9 月，以厦门大学高教所为依托而发展成立的厦门大学高等教育发展研究中心脱颖而出，率先获批成为全国高等教育领域唯一的国家级研究中心——普通高等学校人文社会科学重点研究基地。2004 年，以该所为基础，建立了厦门大学教育研究院，该院目前拥有中国高等教育研究领域唯一的国家“985 工程”创新基地。厦门大学教育研究院能克服地理上的相对劣势，成为高等教育研究的中心之一，是与潘懋元先生用毕生的精力致力于建立高等教育学这门新学科所作的贡献分不开的。厦门大学教育研究院因为潘懋元先生这面旗帜而被学界崇敬而向往。

潘懋元先生时常说，厦门大学教育研究院在高等教育学科领域要做第一，不做唯一。正所谓“一花独放不是春，百花齐放春满园”。为了营造高等教育学的“满园春色”，潘懋元先生鼓励他的研究生毕业之后，到全国各地的高校及高等教育研究机构工作，让高等教育研究发挥更大、更广的作用。他自己更是奔波各地，为许多高等学校建立高教研究机构出谋划策。在 1986 年厦门大学建立了我国第一个高等教育学博士学位点之后，他积极谋划和推动北京大学、华东师范大学和华中科技大学等成为全国最早的 4 个高等教育学博士学位点。如今，这 4 个博士点所培养的学术人才及创造的学术成就始终在全国高等教育学界处于领先地位。

数十年来，尽管世事变迁、人事更迭，但潘懋元先生对高等教育学术动态始终高度关注，每年都会在高等教育重大学术会议上发表学术演讲或作报告，并参与不同形式的小组讨论。2013 年 10 月底，潘懋元先生在一周内先后前往武汉和宁波参加高等教育学会年会和高等教育国际论坛，并分别在大会的开幕式和闭幕式上作主题发言，他那硬朗的身体，洪亮的声音和矍铄的精神，不知情的人很难想象这是一位 93 岁高龄的学者。同时，潘懋元先生还特别关心我国青年博士生的成长，他在 2013 年高等教育国际论坛博士生论坛闭幕式上指出："作为国际论坛重要组成部分的博士生论坛，为来自全国各个高校的博士生提供一个展现自我的机会与平台，而高等教育未来发展的希望在于参会的年轻学者，尤其是在座的博士生们，应该时刻关注他们的成长。"

## 杏坛传道，三尺讲台育英才

潘懋元先生 15 岁开始从教，至今已 80 年，执教过小学、中学直至大学。潘懋元先生曾深情地说："我一生最为欣慰的是，我的名字排在教师的行列里。""如果再让我选择一次，我还会选择教师这个职业。"孟子曰："事必有法，然后可成，师舍是则无以教，弟子舍是则无以学。"然而，潘懋元先生的教学生涯并非常人想象中那么顺畅。

1935 年深秋的一天，少年的潘懋元第一次登上神圣的讲台。为了迎接人生中的第一次讲课，他课前做足了准备。谁知到了真正上课那一天，一站在讲台上，他紧张万分，语速变快，思路跳跃，只用了十几分钟就讲完了准备的全部内容，再也不知道该说些什么，只得窘迫地站在讲台上。调皮的小学生们一看老师不知所措，便在下面叽叽喳喳、打打闹闹，教室里面乱作一团。第一次教学显然是失败的。第一次教学虽然失败了，但理想的种子却在心里发了芽。15 岁，不可

能对教师的社会意义有深刻的认识，也不懂“太阳下面最光辉的职业”所包含的责任与意义，失败的第一次教学更不可能会给他带来什么兴趣，但“明知山有虎，偏向虎山行”的“牛劲儿”却偏偏使他第一次在困难中萌发出立志从教的理想。“一定要做个好教师”的信念，使少年懋元找到了为之努力奋斗一生的目标，支撑他在以后的人生道路中，无论遇到什么艰难困苦，都坚定地走下去。

此后，潘懋元先生在80年的教学生涯中，特别是在厦门大学从教期间，极其重视教学模式的探讨和教学方法的改进，他在教学一线长期摸索、反思、总结的基础之上，形成了一套独特的教学方法。

### （一）三位一体，综合培养

潘懋元先生在多年的高等教育理论和实践的基础上，逐步探索出了一套适合我国研究生培养的“学习—研究—教学实践”三位一体的课程教学法。潘懋元先生完成一门课程通常需要经过一系列环节：一是总体组织课程，对本门课程做必要的准备和说明，包括修订讲义，拟定讨论话题，说明本门课程的目的、意义和争论之处，并为大家推荐必要的参考书。二是从本门课程中选取几个基础话题进行深入讲解。三是在经过一轮的课程教学后，大家从所提供的话题中选取某个话题进行一个月的自由学习与研究，潘懋元先生也会随时提供必要的咨询。四是每位博士生就自己的研究成果在全班进行讲课和答辩，其他博士生展开讨论，潘懋元先生会就每个学生的讲课内容和教学能力进行全面点评。一次，某位博士生汇报结束时，潘懋元先生发现该同学的报告中同一个项目的数据反复出现3次，前后却不一致。于是该同学把三组数据重新核对，发现果然不一样，该同学这才发现自己的疏忽。潘懋元先生还有意先让在座的博士生们先找出这个问题，结果在场的10余名博士生无一发现此问题，当时，所有的学生都用惊讶而又钦佩的眼神看着潘懋元先生。此外，潘懋元先生对每位博士生的报告都会进行现场录像，汇报结束后刻录光盘发到每个人手中，因为在他看来，除了通过别人提出的意见来改进教学技巧，更应该通过自己反复观看录像察觉存在的问题，自我改进。

每学期结束，潘懋元先生都要花费许多时间完成课程作业的批阅和评定。潘懋元先生在阅读论文时并非走马观花，而是对每篇论文逐一进行评阅，包括文章的总体思路、逻辑框架、研究方法、立论观点以及文字表达等各方面。此外，潘懋元先生还凭借其敏锐的洞察力充分挖掘每个学生的优点和潜力，对论文的精辟见解和创新点给予肯定，对论文中不足之处也提出中肯的修改意见。待下学期开学之际，潘懋元先生会将附有修改意见的论文悉数发给每位博士生，并嘱咐他们认真修改，争取公开发表。

潘懋元先生“学习—研究—教学实践”三位一体的教学法是对研究生培养的教与学关系最好的诠释：师生之间互相讨论，相互问难质疑，体现出中国传统书院中师生关系融洽，教师乐教、学生好学的学术氛围。

### （二）勇于探索，躬身实践

在教育研究中，人们常常为教育理论与教育实践相脱离的矛盾所困扰，脱离实践的理论往往是苍白无力的，脱离理论指导的实践会失去方向。在潘懋元先生的学术研究中，是将现实问题转化为学科理论中的学术问题来研究，既基于现实又超越现实，从而与理论保持互动与沟通。他总是想方设法为学生参与社会实践调查创造有利条件，把学生从课内引向课外，在实践中学习和研究中国高等教育的历史、现状及未来。

20世纪90年代以来，他每年都要带领一届博士生赴外地高校开展专题实践调研活动，先后到过西安、北京、宁波、成都、南京、长沙、武汉、南宁、赣州、上海、广州、泉州、汕头等地的高校。博士生专题实践调研活动已成为厦门大学教育研究院博士生教育的重要环节，对提高博士生培养质量发挥着重要作用。与此同时，为全面深入地认识和研究高等教育发展的现实问题，他还积极推动厦门大学教育研究院与浙江工商职业技术学院、上海电机学院、四川影视学院、龙岩学院、福建泉州理工职业学院等全国10余所高校建立合作伙伴关系，并在各合作高校建立实习基地，每年定期派送数位研究生前往实习基地进行为期一个月的实践学习，帮助学生增加感性认识，同时更深入地了解中国高等教育的现状。

2014年5月，94岁高龄的潘懋元先生率领厦门大学教育研究院20余名师生远赴四川影视学院开展实践调研活动，深入了解该校在应用型艺术人才培养模式、学生管理工作和校园文化建设等方面的办学特色。在参观该校新闻演播室时，潘懋元先生还饶有兴致地扮起主持人评委的角色，他凭借自己丰富的教学经验指出：“我们主持人讲话的声音其实和老师的要求是一样的，既不能太高，也不能太低，还不能不高不低。”他补充道，“讲话的声音高的时候需要高，低的时候要适当的低，要达到抑扬顿挫的效果，这样才能吸引观众的注意力。”潘懋元先生还说，“与你们主持专业相比，我是个门外汉，但是作为一个观众，我却是最有发言权的，因为你们主持的所有节目都是要给老百姓看的嘛!”

### （三）教学相长，引领创新

一直以来，潘懋元先生和厦门大学教育研究院的研究生们保持着平等和谐、其乐融融的师生关系。他于20世纪80年代中期创设了一种课外学习制度——周末学术沙龙。寒来暑往近30载，每个星期六晚上，只要潘懋元先生在家，其家庭学术沙龙必定准时“开场”。期间，潘先生家的沙龙虽在规模上经历了从小到大的发展历程，地点也随潘先生迁居而由原来在校内与研究生公寓毗邻的小楼转到距离厦门大学14公里的海滨寓所，然而从未改变的宗旨就是以修养为中心，讲求做人、做事、做学问之精神、态度和方法的熏陶和濡染，实现知识和精神的交融与传承。

“铁打的营盘，流水的兵”。近30年来，一届届研究生从潘先生家的学术沙龙中走出，走向更为广阔的领域，然而难以走出的是那份于沙龙中用浓浓师生情凝固下来的心理空间。无论乘桴海外，还是散居国内，他们心灵深处，无不涌动着一种“乡愁”，一种重回沙龙这座“精神家园”的冲动。潘先生家的沙龙，没有课堂上的正襟危坐和刻板拘谨，大家畅所欲言，既谈学问中的人生，也谈人生中的学问，伴以满室茶香、咖啡香和各种点心，与林语堂《论趣》一文中的一段精彩描述有异曲同工之妙，“据李考克说，剑桥的教育是这样的。导师一礼拜请你一次到他家谈学问。就是靠一枝烟斗，一直向你冒烟，冒到把你的灵魂冒出火来。”而潘先生也是抽烟的，或兴致高涨，或陷入沉思，他总是点上一根烟，在那忽明忽暗的烟雾中，用充满智慧而又通俗易懂的话语指点迷津。因此，每位身处潘先生家学术沙龙的研究生往往是“精神与物质食粮”双丰收，真正体现出了“自由讨论，平等对话，启迪思维，追求真理”的沙龙学术原则。

### （四）大德大爱，言传身教

“学高为师，身正为范”这是对人民教师的基本要求，也是最好的阐释。一次，潘懋元先生被山东某高校邀请去讲学，回校时买了打折机票，学校却按机票全价予以报销。事后，他把多报的300元如数还给了学校。潘懋元先生也许早已忘记，但学生们却一辈子记住了“勿以恶小而为之，勿以善小而不为”的做事准则。可以说，无言的大德与大爱是潘懋元先生感染学生和教育学生的另一种途径。

1994年春季，潘懋元先生被汕头大学聘为兼职教授，月薪6000元，他仅拿1000元作为来往旅途费用和生活开支，余下的5000元悉数捐献给当时还缺乏科研经费的厦大高教所。2000年80寿辰时，潘懋元先生从个人积蓄中拿出20万元设立“懋元奖”，每年在厦大校庆期间对优秀年轻师生给予奖励。2006年，在厦大85周年校庆时，潘懋元先生又捐款25万元，其中20万元指定用于“懋元奖”，成为在校教师中个人捐款数额最大的一笔。2008年，他又向“懋元奖”增捐了20万元，但他自己依旧生活得非常朴实。他说：“我个人在物质生活上已经没有什么可追求的了，最大的乐趣便是得天下英才而育之。”如今，更多的师生加入了捐赠“懋元奖”的行列，2010年潘懋元先生90寿辰时，许多师生、校友纷纷捐赠，如今基金已达200多万元，每年给十几名师生颁发奖教奖学金。

2010年底，潘懋元先生带领博士生到番禺职业技术学院考察，有一天晚上潘懋元先生要坐车去广州参加院友聚会，临上车前，潘懋元先生主动跟番禺职业技术学院的两个保安握手，一直说：“你们辛苦了！”潘懋元先生告诉博士生：“他们真的很辛苦，天气那么冷，他们值班的地方只有顶棚，四面是透风的，每天晚上要巡视，很不容易呀。”生活中的点点滴滴都成为潘懋元先生的教育素材，他总是用自己的行动来给学生以启迪。

“先生的言传身教是我们受之不尽、用之不竭的榜样力量和精神食粮。经师易得，人师难求。潘懋元先生既是著名学者，也是难得的良师。他不仅自己敦品立德、率先垂范，还教导学生欲做学问，先学做人，真正做到了古人所说的立功、立德、立言的统一，让我们认识了一位追求真善美统一人格的教育家，一位全国‘教书育人楷模’的精神风范。他不仅是我们治学的导师，更是为人的榜样。”[①]这是潘懋元先生学生们的共同心声。

## 爱生如子，造就桃李遍天下

曾任厦门大学副校长的潘世墨在他的博士论文后记里这样写道：“我父亲‘弄错了’一件事，他把学生当儿子，把儿子当学生。”爱生如子，不只是弟子们对先生的中肯评价，更是先生数十年如一日用爱与行动躬身践行的人生操守。已是教育部高等教育教学评价中心主任的吴岩至今记得20多年前的“一件小事”：“我有一个硕士师弟，家境贫寒。先生就把我叫到家里，给我一个信封让我转交给他，里面是厚厚一沓人民币。先生就是这样把每个学生都牵挂在心里。”[②]1999年，厦门遭遇特强台风。台风过后，大雨滂沱，校园内一片狼藉，为了不耽误上课，已79岁高龄的潘懋元先生赤着脚、步履蹒跚地走进教室；一位来自农村的学生，家庭经济状况不好，正在他为住宿费一筹莫展的时候，却被告知，潘懋元先生已替他垫上住宿费；一些家在外地的学生，逢寒暑假回家时，总会在第一时间接到潘懋元先生打来的长途电话，询问路上是否顺利；有地方发生地震或其他自然灾害，潘懋元先生总是询问那里的学生是否平安。从潘懋元先生身上的点点滴滴，学生们感受到了什么叫大爱，什么叫无私！

先生对教育研究院的中青年学者也是关爱有加。最令笔者难以忘怀的是，2014年暑期，院里一位老师因病住院，潘懋元先生冒着酷暑炎热，两次去厦门市第一医院探望该位老师，这对老师的康复是一个莫大的鼓舞和激励。出院之后，潘懋元先生仍挂记这位老师的康复状况，仍然坚持要来探望，实在是因为该位老师所住的五楼没有电梯才被大家劝阻。大师的点滴言行都具有极大的示

① 汤晓蒙：“化学术为德性——潘懋元先生的为学与为人”，载《赣南师范学院学报》2010年第4期。
② 邓晖，马跃华等：“潘懋元：高教泰斗 学人典范”，载《光明日报》2014年9月11日。

范效应，在无形中为我们树立起做人的丰碑，永远值得年轻后辈学习效仿。

潘懋元先生一直认为，教师这个职业是最能给人带来幸福感的职业，他用自己深厚的学识修养，高尚的道德情操，不懈的精神追求影响和教育着学生；他独特的人才培养理念和独创的教学方法造就了一批又一批优秀的高等教育人才，仅他指导的高等教育学专业的研究生就多达百余人。从中国首批高等教育学的硕士和博士到现在，他的学生中有多位大学党委书记、副书记、校长、副校长；有些在国家及地方教育部门担任领导职务；很多学生成为教授、博导、学科带头人；有些学生担任高校教育研究院院长、高教所所长；有些学生担任高教研究杂志主编、副主编；有些学生分管高校规划处、教务处、社科处……他们遍布全国各省市高校，还有的在大洋彼岸深造和工作。我们无法具体罗列这些弟子的突出成就，也无法一一表达他们对既是经师又是人师的潘懋元先生的景仰和感激，我们只能追本溯源，粗略探究潘懋元先生的育人之道。

如今，94 岁高龄的潘懋元先生仍以他矍铄的精神和睿智的头脑在高等教育这块广袤的田野上孜孜不倦地耕耘，每年仍以相当数量的思想成果服务于高等教育这一他为之毕生奉献的事业。“人不下鞍，马不停蹄”正是他的真实写照。

十五从教，八十余载，寿至期颐，霜鬓不坠青云志。
人不下鞍，马不停蹄，精神矍铄，鲐背仍居第一线。
敢为人先，始创新学，斗山望重，尊为学科奠基人。
严谨治学，笔耕不辍，著作等身，甘为学界树楷模。
诚心为学，唯精唯一，薄名精艺，全纳耄耋赤子心。
爱生如子，视院如家，勉励后学，创设奖教期英才。
三尺讲台，循循善诱，切磋琢磨，抱得桃李遍天下。
勤为人师，诚心务教，杏坛传道，引领师德扬风范。

（谨以此文献给从教 80 周年的潘懋元先生）

ZHONGGUO HAOJIAOSHI

# 中国好教师 颜宁

YANNING

年轻的她，正是凭借一颗年轻的心和自己的“三不原则”带领自己的团队勇于进取，屡获佳绩。她此生最大的梦想是——一辈子扎根于生物学领域，在与科学共舞的过程中收获更多的快乐。

# 在科学史上留下属于自己的印迹

◎葛志花

她，身穿简单休闲的运动服，每日往来于实验室与办公室；她，工作有空当的时候，会关注一下最新的小说与电影，小憩一番；她，在空暇时间也会小漏淘气，恶作一番；她，还会抛开传统的师道尊严，与学生其乐融融地来几局“三国杀”。她颠覆了以往对科研人员的印象，重新诠释了科研之美，她，就是清华的美女教授——颜宁。

“无论以哪个标准衡量，颜宁博士已位居世界最优秀的年轻结构生物学家之列，甚至可以预言，未来的5至10年，她将是杰出青年女性科学家的榜样。”诚如2010年国际评估小组给予她的评价，颜宁不仅成功斩获了首届霍华德·休斯医学研究所国际青年科学家奖，而且还将第九届“中国青年女科学家奖”也收入囊中。年轻的她，正是凭借一颗年轻的心和自己的“三不原则”：不放弃独立思考，不随波逐流，不放弃自信，带领自己的团队勇于进取，屡获佳绩。

## 三次抉择确立人生目标

### （一）阴差阳错的志愿填报

从小学到高中，颜宁一直是同学眼中的佼佼者，老师心中的好孩子，学习、生活都相当自律，成绩也十分优异。特别是在高中时代，乐观开朗的她不仅喜欢唐诗、宋词，而且还爱读散文小说，她的文科成绩一直是全年级第一，而她最大的梦想便是考取北京大学中文系。因此，高中文理分科的时候，她便凭着自己的一腔热情选择了文科。然而，当时流行着这样一句话“学好数理化，走遍天下都不怕”，再加上班主任老师认为成绩好的学生一定要学习理科，于是，她被拉回了理科班。在高考填报志愿时，母亲希望她学医，但她喜欢小动物，不想解剖；母亲又建议她学金融会计，她实在没有兴趣；后来父亲听说“21 世纪是生命科学的世纪”，就建议她去学生物学。为了能够让父母开心，颜宁就选报了一个与医学很近的专业——生物科学与技术专业。其实，选择清华也是父母帮她作出的决定，当时他们并不清楚各个学校的学科优势，只是觉得清华更稳重些。然而，就是因为这次阴差阳错的志愿填报，让她从此与清华结下了不解之缘。

### （二）目的清晰的海外深造

1996 年 9 月，颜宁正式成为了清华大学生物科学与技术系的一名新生。作为清华里的一名学生，压力是必然的，要知道进来的每个同学可都是天之骄子。由于整天担心自己会因为考试不及格而被驱逐出去，第一学期期中考试时，数学考了 67 分。正是这个分数，让她重新拾起了那份自信：即使是在极度紧张，脑子几乎都不转动的情况下，自己都没有考不及格，可见清华也不是那么恐怖。带着这种放松的心态，在接下来的清华生活中，颜宁不仅努力学习科学文化知识，而且还担任生物系的学生会主席，组织参加了多种社会活动。

饶子和实验室的学习，让她接受了初步的结构生物学训练，从而渐渐领略到了结构生物学的魅力；而诺和诺德中国制药公司的实习却也让她明白：自己喜欢的是做实验时的那种专注，而不是公司里朝九晚五的生活，因为自己喜欢自由的人生。

其实早在大三暑假，颜宁就开始申请去美国留学，那时的想法就是想去开阔眼界，对未来并没有太多的设计。然而临近毕业的时候，普林斯顿大学分子生物学系助理教授施一公到清华大学作报告，介绍了普林斯顿大学的情况。就是这个偶然的机会，对她之后的求学生涯产生了很大的影响。报告之后，颜宁就给施一公教授写了一份“很拽”的英文信，信的结尾写道：“我觉得自己各方面能力都很出色，我希望把时间花在更有价值的地方，但申请出国太浪费时间和金钱了。如果普林斯顿大学录取我，我就不用再花精力去申请别的学校了……”可能是因为她的这种“初生牛犊不怕虎”的劲儿，把施一公教授给“震住”了，他亲自面试了颜宁。最终的结果是，颜宁不负众望，被普林斯顿大学录取了。

2000 年 8 月，漂洋过海，她来到了神往已久的理想大学。初入校门，她便仿佛置身于童话的世界，如画的风景，古朴而不失简雅的建筑，四面环环相扣的哥特式风格，夜晚更有萤火虫翩翩起舞。然而，童话世界的学习压力和清华相比，有过之而无不及。尤其是得知自己是该所学校招收的首届中国留学生，她更是不敢懈怠，因为自己的失败很有可能影响后来对中国学生的招收比例。为此，她每天都只有 6 小时的睡眠，每晚都是伴着论文进入梦乡。第一学期期中考试，虽然不是每门都得 A，但也不差。在接下来的学习中，颜宁不仅能用英语轻松应对老师的提问，有时还能主动举手回答问题，一切都正常了，她也变得越来越有信心了。其实，颜宁在申请出国留学时，并没有肯定自己今后一定要从事生物学研究。但是在这里，经验丰富的老教授可以将原本枯燥无味的论文像讲述历史故事那样娓娓道来，这极大地激起了她的研究兴趣，让她觉得原来生物是这么的有趣。此外，施一公教授那种醉心科研、孜孜不倦的态度也深深地影响和感动着她。

2006 年底，施一公教授准备回国，将在清华大学创建实验室。而此时的颜宁也正好回京探望父母，归国的她原本是想趁着这次机会回母校看一下，出乎意料的是，这一次竟成为她扎根祖国的最好机会。在清华园里，她遇见了大学时代的系主任、时任医学院常务副院长的赵南明。早在出国时，赵老师就曾经为她写过推荐信，当赵老师看到她时，询问了她近几年的科研情况，更真诚地邀请颜宁以后回医学院工作。其实，清华不仅是成就颜宁的母校，更是她一直想要放飞梦想的一个地方。在 2007 年 1 月 2 日，颜宁在毫无思想准备的情况下接受了清华大学医学院的面试，教授会投票同意给她一个教授职位。然而，表面看似一帆风顺，其实还是经历了一番小小的波折。当她的职位从院里报给学校时，教授职位改成了副教授。其实，颜宁并不介意做副教授，只是当时清华的副教授是不能带博士生的，要知道没有博士生，实验室是根本不可能运转起来的。所以，做博士生导师成为颜宁与清华谈的唯一条件。此外，之所以能回到清华，父母也在其中起到了重要的作用。颜宁的父母很希望自己的女儿能够学成回国，他们从未要求她在事业上有多成功，只希望她能过得开心、幸福，最好能经常让他们看得见、摸得着，能随时照顾。最终，清华大学于 2007 年 7 月向颜宁颁发了教授、博士生导师聘书。

也许，在外人看来，倘若她继续留在国外，凭她的实力，肯定可以拥有更好的未来。不可否认，这确实和她最初的想法有了点距离。按照最早的职业设计，她原本是计划做完膜蛋白的课题，再到其他领域做一个博士后，或者直接在美国找一个助理教授职位，获得终身教职后再回国。可是，就当母校张开双臂召唤她回国时，即使是再优越的条件，再优厚的待遇，她还是选择了放弃，欣然接受了母校的邀请。

## 七年奋斗小荷已露尖角

理想是美好的，但现实却是残酷的。任何事情的起步都并非一帆风顺，科学实验更是一个搏命的赛场，整个赛程都需要你的全神贯注，因为稍有差池，一切都将前功尽弃。

一间空荡荡的屋子，连一个简单的工作台都没有，再加上带着一些对关键点还模棱两可的学生，她还需要一一地进行指导，回国前，流畅的实验节奏此时已经乱了套，空有一腔热血与科研激情的她，此时已经陷入了抓狂状态。最令人头痛的莫过于购买进口仪器和试剂，在美国几天就可以搞定，在国内要与供应商讨价还价，要跑到设备处审批，还要办免税……除了实验室里的一堆琐事外，其他诸如学历认证、落户、装修周转房等事情也接踵而来。现实的苍白无力，把她压得筋疲力尽，但是科研的热情始终支持着她不断走下去。就这样，大半年时间过去了，不知从哪一天开始，实验变得越来越流畅了，而她的心也逐渐变得平和了。

每一次的成功，开始的时候总需要那么多考验，经受住的人最后往往都能成功，而对于那些半途而废的人，他们在艳羡别人的时候，也会抱怨自己为什么不再坚持与努力一下。根据颜宁自己的讲述："除去用餐时间，我一般都是从上午 11 点开始，一直连续工作到凌晨 2 点。如果是在研究的攻坚阶段，我甚至可以工作到凌晨五六点，在办公室的沙发上眯一会，再爬起来接着工作。时间花在哪里都是看得到的，就我自己而言，要想科研工作出成果，投入十分重要。回国之后，除去外出开会、春节和休息之外，百分之八九十的时间都在实验室或办公室度过，这种状态对我十分重要。"① 或许在别人看来，这样的工作状态有点不可思议，但是颜宁却是乐在其中。正如那句话讲得好，"天将降

---

① 周襄楠："享受科研 快乐育人"，载《神州学人》2012 年第 5 期。

大任于斯人也，必先苦其心志，劳其筋骨，饿其体肤。”颜宁的科研之路，每一步都走得如此坚定，如此踏实。

经历了创业之初的努力探索，颜宁终于在2011年带领她的团队获得了一个细菌同源蛋白的晶体，而结构解析也是近在咫尺，就差最后一次重金属衍生数据了。为此他们准备了大量晶体，保存在可以维持低温零下170摄氏度的液氮遇冷罐中，寄到日本同步辐射，准备收集数据。

然而，命运总是那么爱和人开玩笑，颜宁团队确实被它狠狠地“戏弄”了一回。2011年7月11日，原本是在中国看到《自然》新论文上线的日子，而颜宁也打算在早上6点出门去机场，可就是在这个关键的时刻，意外的事情发生了。早上5点55分的时候，她打开了《自然》在线，一篇名为《一个电压门控钠离子通道的晶体结构》的文章闯入了她的视野，而这对当时的她来说，真的是犹如晴天霹雳，要知道这正是他们团队在研究的课题啊！在她团队的观念中，科学只有第一，何谈第二，而这篇文章的出现，就证明他们已经被超越了，他们已经没有任何可能在这个课题上成为第一了；就意味着倾注了这么多心血的科研课题宣告失败了。紧接着，颜宁把论文打印出来，交给了当时正在做课题的张旭同学，拿到论文的那一刹那，她就泪崩了。可是，伤心归伤心，一切还是得按着原计划进行，毕竟晶体还在日本等着他们呢。于是，他们马不停蹄地飞赴日本，经过了一路的奔波，终于在晚上7点赶到了实验站。谁知，刚刚赶到目的地，那里的工作人员就一脸凝重地告诉颜宁，他们寄过来的低温罐似乎出了问题。刚刚经受了被超越的打击，现在又突然冒出这么一个不幸的消息，颜宁团队真的是处于一个快要崩溃的边界了，这难道就是传说中的“屋漏偏逢连阴雨”吗？三个多月没日没夜的奋斗成果，就这么被否决了吗？

所幸颜宁团队做事一向未雨绸缪，就在他们赶往日本的途中，还随身附带了晶体，于是他们就地开始重新泡重金属。等到第二天早上开始正式收集数据的时候，果然，寄送过来的所有晶体全都阵亡，无一幸免。然而，就在大家都对此次实验感到绝望的时候，奇迹发生了——前天晚上刚刚处理好的一颗晶体给了他们需要的所有数据，并且质量还是如此之好，以至于收完数据一个小时之内，他们就轻松地解出了结构。此时，发表论文的课题组还没有从数据库释放结构信息，所以对于他们而言，又是第一次看到了这类蛋白的原子结构，而这也算是对他们这四年来夜以继日、不眠不休地“泡”在实验室的最好回报了！

故事发展到这里，还远远不算是高潮。就当颜宁在凌晨三点打开邮箱，准备把新的结构发给实验室成员布置后续任务的时候，她惊讶地发现了一封来自美国霍德华·休斯医学研究所的邮件，通知她经过初选，她已经从全球800个申请人当中成功入围前55名，成为“霍德华·休斯国际青年科学家”第二轮候选人之一，并且还诚挚地邀请她于同年11月赴美参加最后的角逐。那一刻，颜宁笑了，笑里饱含了多少激动与兴奋。谁说“屋漏偏逢连阴雨”，谁说“船迟又遇打头风”，这不是现实版的“柳暗花明又一村”嘛！这45个小时，对于颜宁和她的团队来说，仿佛是过了几十年，经历了人生的大喜大悲，又仿佛是在坐过山车一样，跌宕起伏。

更令人欣喜的是，因为这个课题，颜宁有幸与崇拜了近10年的偶像级科学家，2003年诺贝尔化学奖得主罗德里克·麦金农教授合作，在与他的合作交流中，颜宁不仅受益匪浅，而且他们还有了新的发现，而这一新的成果也将在10个月之后发表于《自然》，此外，他们还将进行进一步的合作和探索。都说失败和成功是对立的，但是总有一天，成功会从失败手中接过那根胜利的接力棒！在面对接二连三的打击之后，颜宁依然能够带领自己的团队勇往直前，这或许是她给学生上的最有意义的一课！

## 携手团队勇攀科研之峰

如果说2011年的学术成果仅仅是让颜宁在国际科研领域崭露头角的话，那么颜宁团队接下来进行的科学研究足以让他们在世界舞台上轰动一时了。

2014年6月5日，对全球人类来说，注定是不平凡的一天。因为就在这一天，英国《自然》杂志刊登了一项万众瞩目的研究成果：清华大学医学院的颜宁带领自己的研究小组在世界上首次解析了人源葡萄糖运转蛋白的晶体结构，初步揭示了其工作机制及相关疾病的致病机理，这就预示着在未来人类有望“饿死”癌细胞，治疗糖尿病。该成果一经发表，立刻赢得了国际学术界的广泛关注和高度评价，被誉为是一项“具有里程碑意义”的重大科学成就。2012年诺贝尔化学奖得主布莱恩·科比尔卡称其为“一项伟大的成就”；美国人文与科学院院士罗纳德·魁百克评价其为“人类50年以来的一项重大成就”；而美国科学院院士哈维·罗德士更是将其加入到自己正在编写的经典教科书中。

短短5年，从当初的“白手起家”到现如今的“轰动一时”，似乎幸运女神一直眷顾着这位科研领域中的神奇人物。然而，大家在惊叹颜宁团队超强“战斗力”的同时，似乎忽视了科研背后的艰辛与付出。要知道，科研从来没有捷径可走，特别是还要做得好，做得准。

从进入清华做教授的第一天，颜宁就养成了一个习惯，那就是每天都要“宅”在实验室，即时了解学生的研究进展；及时解决学生在科研中遇到的困难与问题；能在第一时间纠正学生在实验过程中的错误。在颜宁的实验室一直流行着这么一句话：实验室无他，唯用心耳。这不仅是颜宁在学生时期用来勉励自己的一句话，现如今也成为颜宁对自己实验室成员的要求。“你第一次犯错误，只要不有意隐瞒，我不批评；如果在组会上公开讲出来，我还要表扬你的诚实以及善意提醒别人；但如果同样的错误犯两次，对不住，我不得不批评了。”科学研究本来就是一件十分严肃的事情，它容不得实验者的半点马虎，有时候一个看似不起眼的小错误，很有可能会使几个月甚至是几年的心血都付之东流。

虽然实验室中的颜宁是一位严厉的导师，但是生活中的她却是一个完全没有架子的邻家姐姐。她会在没有科研任务的时候叫学生出去 K 歌、吃饭；她会在学生失恋的时候像知心姐姐一样开导她；她也会在学校经费允许的情况下，最大限度地提高学生的生活补贴；她甚至还会在空闲的时候和学生一起玩“三国杀”的游戏。学生和同事们都说，岁月老人十分宠爱她，十几年过去了，竟然没有在她的脸上留下一丝痕迹。每当这时，她会调皮地说：“那是必须的，我每天都和一群充满活力的学生待在一起，心态自然是很年轻了。”的确，“70 后”的她不仅拥有“80 后”的外表，更拥有“90 后”的心。

都说“青出于蓝而胜于蓝”，在颜宁的眼中，学生的成功就是她作为老师最大的快乐。每当自己的团队取得好的成绩，她总是会在第一时间告诉别人：“我最大的成功在于培养了一批很好的学生，他们不但肯干、能干，最关键的是他们还不畏艰险。”

引用颜宁在 2014 年清华大学本科生毕业典礼上的一句经典的讲话：“在看《舌尖上的中国》第二季时，最后一集的结语让我印象深刻‘如果到先辈的智慧中寻找答案，他们也许会这样告诫我们短暂的一生：广厦千间，夜眠仅需六尺；家财万贯，日食不过三餐。’”对于人生，相信每个人都有自己不同的理解，生活中的人们或疲于奔波于职场；或疲于在官场上钩心斗角，又或无所事事、碌碌无为。率性的颜宁这样说过，她此生最大的梦想是——一辈子扎根于生物学领域，在与科学共舞的过程中收获更多的快乐。带着她对科研的那份激情与投入，相信颜宁能够带领自己的团队在科研的路上越走越远，创造更多的奇迹！

ZHONGGUO HAOJIAOSHI

# 中国好教师 李希贵

LIXIGUI

我们为什么这样去做一个学校，就是因为我们希望，在这样一个校园里，听到孩子们花开果熟的声音。有位教育家曾说过，教育就是一个迷恋他人成长的学问。所以在我们的校园里，让我们迷恋着孩子们成长，并把学校变成一个孩子们向往的新学校。

# 长立潮头引新风

◎刘克耘

但凡关注中国基础教育改革动态的人士，就不可能不关注李希贵，因为自1990年任山东高密四中校长起，他就一直在其影响所及的范围内，引领着学校改革发展的方向。李希贵的教育履历堪称特出：1950年代末出生的他，1980年大学毕业后，被分配到山东高密四中做语文教师，当班主任，26岁任副教导主任，28岁任副校长，31岁任校长，36岁调任高密一中校长，38岁出任高密市教委主任，42岁就任山东省潍坊市教育局局长，2006年调教育部负责筹建基础教育质量监测中心，2007年转任北京市十一学校校长。所到之处，皆龙腾虎跃，焕然一新。

有论者这样评价李希贵：做语文老师，李希贵改变传统的教学方式，向学生放权利、放时间，让学生成为学习的主体，通过大量阅读提高自身的语文素养。做校长，李希贵说管理的最高境界是“让每个人都感到自己的重要”，并提出教育理想是“让孩子自由呼吸、自主成长”。做局长，李希贵通过体制改革，把权利放给校长；取消了校长的行政级别，用“职级制”对校长进行动态管理[①]。我看李希贵，无论职位如何变化，在其灵魂深处，对自己的角色定位

① 百度文库：国家督学李希贵。

始终是一个老师。李希贵把老师当到了极致，他不仅是学生的好老师，而且是教师和校长的好老师。李希贵的教育履历，就是一部个性化的中国基础教育学校的改革史、发展史。他的学校改革史由高密篇，潍坊篇与北京十一学校篇组成，前两篇已经写就，第三篇正在浓墨重彩地书写。

## 高密篇："让高密的孩子接受更好的教育"②

"让高密的孩子接受更好的教育"，是李希贵出任高密市教委主任后，以在高密市最繁华的路口立起巨大灯箱广告的方式，向市民作出的庄严承诺。作出这样的承诺，需要勇气，更需要底气。李希贵的底气从何而来？先让我们把目光聚焦于 1990 年的高密四中。

这一年，高密四中 6 个毕业班 300 多名学生参加高考，超过本科录取线的学生只有两人，超过专科线的学生也寥寥无几，一时间舆论哗然，领导震惊，学校领导班子改组势在必行。刚过而立之年的副校长李希贵，被委以振兴学校的重任。千军易得，一将难求。事实证明，李希贵就是这样一个难得的将才。

近乎"百里挑一"的低迷升学率，说明了什么？是学生都不聪明，老师们都不敬业，还是学校的管理存在深层次的问题，使得蕴藏在师生中的巨大能量未能充分发挥？临危受命的李希贵，在问题中找到了课题，在危机中看到了生机。面对"教师闹调动，学生闹转学"的严峻局面，他沉着应对，实施了深思熟虑的治校方略：用利益的杠杆，搅动学校这一池秋水；以改革的举措，调动教师的工作热情。一方面在老师们的"房子、炉子、妻子、孩子、票子"等一系列切身利益上大做文章，保障教师权益，鼓舞教师士气；一方面进行学校管理改革，实施校

② 高密篇基本事实源自鞠庆友、李振村、傅国亮、梁伟国："对学生的一生负责——记李希贵和高密市的素质教育"，载《人民教育》2000 年第 6 期。

长负责制、教师聘任制、结构工资制和岗位目标责任制“四制改革”，从根本上改善学校的管理与运行机制，为学校的可持续发展奠定基础。

新官上任三把火，有的三把火只是烧荒，有的三把火可以炼出一炉好钢。李希贵是后者。他以“永不屈服”为校训，从最敏感的人事制度和分配制度入手，开启了学校改革之旅。他在高密四中建立了“分层聘任，双向选择”的教师聘任机制。这个机制规定，在聘任过程中，校长只聘任学校的中层部门负责人，教职工由中层部门负责人选聘；尤其重要的是，中层部门与教职工的选择是双向的，任何一个教职工都可以面向全校所有中层部门的任何一个岗位填报志愿，而中层部门的负责人也有聘与不聘的自主权。在这样的机制下，一个教职工被聘任到一个什么岗位，或者说是否被聘任，不是取决于领导的意志，而是取决于自己的能力。诚如李希贵所言，“一个好的机制，就意味着好的导向。要想让老师们的智慧集合，要靠良好的机制。”年轻的李希贵，以他的智慧和勇气，把握了学校变革的最佳时机，作出了“正常”学校不敢想且不能做的超常之举。在这位年轻有为的校长的带领下，高密四中仅用了短短几年的时间，就奠定了在高密高中教育的先进地位，也为李希贵开辟了通向更广阔的教育天地的路径。

1995 年，李希贵调任高密一中校长，在这里他进行了更大规模、更为系统的学校改革。本着对学生的一生负责的教育思想，为了拓宽学生的视野，打牢学生成长的基础，他为学校确定了“为四十岁做准备”的校训与“志向高远，人格健全，基础扎实，特长明显”的培养目标。

李希贵认为，“关注学生应该先从关注教师开始。教育是塑造人的事业。塑造学生美好的人生这个目标，只能通过教师来完成。”培养教师、激励教师、促进教师发展，是学校工作的头等大事。李希贵在山东省首家推行了评聘分开制度，他把教师聘任制的核心建立在“以学生为中心”的价值观上，创造性地建立了校内教师级别制：见习教师、三级教师、二级教师、一级教师、初级骨干教师、中级骨干教师、高级骨干教师，副主任教师、主任教师、特级教师，每个职务都要履行相应的职责，分配制度与聘任职级相对应，职级不同，报酬不等。李希贵说：“这个方案的最大特点，就是把教师的积极性导向了对学生的尊重和自身全面素质的提升上。”如在聘任方案的指标中，第一项就是学生信任票的多少；而“权重衡量法”则把老师们的积极性从争课堂时间变成了争课堂效益。这样一来，在高中学校常见的老师争抢时间、学生加班加点的现象消失了。“不占用学生的自主时间，是尊重学生的最基本要求”成为老师们的共识；研究教学方法、提高教学效率，成为老师们的自觉行为。

学校改革最核心的课题，是课程的改革；学校进步的最醒目的标志，是课堂的变化。在高密一中校长任上，李希贵主持了语文教改，实施了“语文实验室计划”：每周用两课时完成教材规定的学习任务，其余的四课时让学生到自修室去读书。在自修室里，配备了中学阶段必读、选读、参考三个层次的课内外书籍。在这里，学生可以自由选择图书报刊进行阅读学习。自修室同时配备有投影仪、电视机、放映机、录音机等教学器材，由教师通过多种渠道向学生传达知识信息。语文教学由此进入一个新的天地——一个天高任鸟飞，海阔凭鱼跃的天地。

“为人民服务”，是最深入人心的口号。教师无疑是为学生服务的，那么校长又是为什么人服务的？李希贵后来提出过一个著名口号“教师第一”，高密四中就是他践行这个口号的起点。2006 年春，李希贵出版了一本叫做《学生第二》的书，时过 5 年，他又出版了《学生第一》。在后一本书的自序中，他对这“两个看上去如此矛盾的观点”作了扼要的解释：“学生第二”其实是管理学的概念，而“学生第一”则是教育学的取向。管理工作中的“学生第二”，从根本上是为了更好地实现校园里的“学生第一”。诚如李希贵所言：“重要的是如何去实现学生为本的价值，怎样去落实学生中心的地位。”李希贵在高密四中和一中，从制度的建设与实施两个层面，在激发教师为学生服务的热情，提高教师为学生服务的水平方面进行了极为有益的探索。一支具有创造力的教师队伍，是学校最为宝贵的教育资源。正是凭借这样的资源，高密一中用创造性的教育实践，回答了在高中能不能推行素质教育，以及怎样有效推进素质教育的问题，被山东省领导称赞为“高中阶段实施素质教育的一面红旗”。

出任高密市教委主任，是李希贵教育生涯的一大跨越。一个县级市的教委主任，论级别不过是个科级，但舞台较之一所学校，就是一个完整的教育世界。李希贵在这个世界里，把他对教育的理解、信念与设想付诸实践，实现着他“让高密的孩子接受更好的教育”的诺言。考虑到自己此前一直在高中工作，担心自己因为不了解小学、初中的教育状况而作出错误决策，李希贵还一度以到一所初中担任两个班的助理班主任的方式，进行深入地调查研究。在高密教委主任任期中，他深入学校指导教师创造了许多生动的教育案例，探索形成了不少具有普适性的教育教学方法。

化检讨为“成长备忘录”，使犯错误同学的转化过程成为全班同学接受教育的过程，有效提高了德育的效能。拿起“表扬的武器”，产生了不可估量的教育能量，大大强化了学生的自尊、自信、自强的意识，有效地促进了学生的成长。“所有学生干部采用竞争上岗制”，不仅有班主任助理，还有校长助理，让学生参与民主实验，自己学会管理自己。“蹲下来和孩子说话”，经过全市教育工作者的努力，形成了普遍推行的“体验、感悟、提倡、引导”的德育新途径。让学生给自己写信，组织特殊演讲会，充分发挥了德育活动中的暗示效应。“一日文化三餐”，“三名”活动（读名著、赏名画、听名曲），不仅全面丰富了学生的精神营养，而且产生了良好的社会效应——高密新华书店的练习册之类的图书滞销，而中外文学、科普、名人传记等方面的书籍一度脱销，家长欢欣鼓舞，社会好评如潮。

发端于“语文实验室计划”的课程改革，极大地推动了高密教育的发展。“语文实验室计划”的三板斧，分别砍向了课程设置、课时设置和教材设置，彻底改变了学生对语文的态度，不仅提高了学生的语文素养，还带动了整个文科学习水平的提高。一石激起千层浪，思路一变天地宽。伴随着教师教学思想的解放，课堂教学形式、学生的学习状态，师生的精神面貌均发生了巨大的变化。研究性学习、探究性课程，不再是教学的传说，必修课、选修课、活动课，还有隐形课，成为了学生日常的学习生活。即便是考试，在人们普遍感叹“考试不变，教学亦不能变”时，高密学校的考试制度也悄然发生着革命性的变化。在潍坊市教委的大力支持下，高密市对政治、语文、历史、地理、生物五个学科的中考进行了大力度的改革：变革了考试形式，初一到初三开卷考试，初四（五四学制）闭卷考试；变革了考试内容，取消死记硬背的客观题，重点考察学生的能力，尤其是创新能力、实践能力和分析能力，变记忆水平考试为能力水平考试，同时把学生参与社会生活的实践感受纳入考察范围；变革了评分标准，取消标准答案，变“采点给分”为“采意给分”。于是，许多让学生耳目一新的试题形式出现了，各类社会难点、热点、焦点问题走进了试卷。别开生面的考试，带来了别开生面的答案；别开生面的答案，源自别开生面的教育。高密教育开始进入一种人们期待已久的良性循环。

时间可以改变一切，当时间掌握在大智大勇者手中时，改变可异常猛烈。短短数年，高密教育高歌猛进，焕然一新，多项改革走在了山东乃至全国前列。继莫言之后，高密又多了一张地方名片——教育改革的名片。时任高密市委书记韩俊生，在全市干部大会上自豪地宣布：“高密的教育是全市老百姓共同的事业，是高密的亮点和脸面。”

## 潍坊篇："让权力归队"，使校长成为真正的校长③

一位卓越的教师，引领的是一届又一届的学生；一位卓越的校长，引领的是一所学校的全体师生；一位卓越的教育局长，引领的是一个地区教育发展的方向。教育局长对教育的引领方式与影响力，既取决于他的教育观，更取决于他的学校管理观。

2001年，李希贵被任命为潍坊市教育局局长兼党委书记。审视学校管理的深层问题，李希贵认为："过去，教育行政部门强调对学校进行大一统的管理，从课程的安排，到对学校的评价都是千人一面。这种做法，让学校失去了自主发展的权利，学生失去了个性发展的空间。"这种管理方式的局限，成为学校发展的最大障碍。"学校不是政府附属的行政机构，而是提供教育服务的教学机构。学校是教育服务的提供者，政府是教育服务的构建者和监管者。"基于这种认识，李希贵决定，把教育局工作的重点转移到建立新型的政校关系上。

据《人物》杂志报道，从2001年到2004年，短短4年间，潍坊教育局出台了30多条改革措施。改革的核心是："让权力归队"，使校长成为真正的校长。从以下五段源自该杂志报道的文字，我们可以了解李希贵大刀阔斧而又细致入微地组织学校改革的方略。

改革伊始，李希贵逐步向校长放权，先后把学校部门的设置权、中层干部的任免权、副校长的提名权、财务权，甚至高中的招生权都还给了学校。李希贵把这项工作形容为"让权力归队"。但是，在放权的同时，李希贵发现，有的校长对"放权"并不热心。有的学校明确表示，不要权力，既不要中层干部的任免权，更不要副校长的提名权。一个新的问题摆在了李希贵面前：原来有

---

③潍坊篇基本事实源自"山东潍坊教育局长李希贵：对教育改革热情如火"，载《人物》2005年第10期。

的校长并不需要改革!

不改变校长，就不能改变学校；而不改变对校长的管理评价制度，就不能激发校长的改革动力。在潍坊市领导的大力支持下，2004 年 9 月，潍坊市教育局在全国率先推出了《关于推行中小学校长职级制度的实施意见》。这个意见规定，取消中小学校的行政级别，全部由教育行政部门归口管理；实行校长职级管理，按照校长的工作业绩，每两年评定一次；将校长级别评定为六级，并以此确定校长的工资待遇。校长 4 年一个任期，同一个校长在同一所学校不得超过两个任期。

为了保证校长职级制的顺利展开，潍坊制订了“三公开”的原则：即政策规定、程序方法、聘任结果都主动向社会公开，接受社会舆论和人民群众的监督。同时，改革方案出台前，都会到校长、教师中间进行调研、征求意见，并根据他们的意见修改方案。这种改革方式，保证了每项改革决策都有相对广泛的群众基础，实施阻力最小，落实的可能性最大。

在评定校长职级时，强调校长的能力、水平、贡献和工作实绩，弱化甚至不再受学校级别、规模类型和性质的限制。这样，不仅使级别评定更加科学合理，而且对老校长形成了一种鞭策，对青年校长形成了一种激励。“有动力，更有压力。”这是潍坊的校长们在实行职级制后的普遍感受。过去通过当校长来捞取政治资本的做法行不通了；现在，职级制留下的是真正想做教育的校长，是“做事”的校长，而不是“做官”的校长。

在向校长放权的同时，李希贵对教育局的职能也进行了重新定位：“教育系统的权力，大致有三个部分：决策权、执行权、监督权。计划经济下，教育行政部门把三种权力都紧紧抓在手里，连学校上几节课都要规定下来。潍坊教育局的放权，其实就是把执行的权力下放给学校和校长。教育局只抓决策权和监督权。”改革的一系列举措，“其实是在纠正过去教育行政部门‘越位’和

‘缺位’的问题”。

名不正则言不顺，言不顺则事难成。只有让校长真正成为一校之长，学校才有可能获得真正的发展。李希贵在潍坊市教育局长的任上所做的事情，其实就是将世人皆知的道理用自己的方式鲜明地表达出来，并切实做到了而已。“全国教育看山东，山东教育看潍坊。”李希贵主政潍坊教育的最大功绩，就是打造出了潍坊这个全国知名的教育强市。在总结成功的经验时，李希贵说：“改革着眼点，就是在人，在人的潜能的最大化上。因此，要教育强市，就要构建起能充分调动人的积极性的机制，最大限度地解放人的思想，最大限度地挖掘人的潜能，最大限度激活人的智慧。而要实现这个目标，就必须靠改革！”

李希贵不讳言其人生志向是成为教育家。说现在的李希贵就是教育家，质疑者大有人在；说过去的李希贵就是一个教育改革家，应该没有多少人反对。因为从位于高密农村的一所薄弱学校起步，凡是李希贵任职的学校和地方的教育，都发生着巨大的变化，产生了积极而深刻的影响。事实胜于雄辩，与其争论李希贵是不是教育家，不如看看李希贵行进的路径，是不是代表着中国基础教育改革的方向，或者与这个方向一致？如果是，我们就沿着同样的方向走，最好是能走到他的前头。

李希贵在潍坊所推行的学校改革，并不总是成功的，比如他在潍坊十中试行的数学、物理学科的分层走班上课就以失败而告终。但这些不成功，却为他后来在北京十一学校的成功的改革播下了种子。

## 北京十一学校篇：“从优质学校走向新学校”④

教而优则长（校长），长而优则仕（从政），是一些教师出身的官员进步的

④ 十一学校篇基本事实源自李希贵：《新学校十讲》《学生第一》；中央电视台：“开讲啦·李希贵·学校是什么”；“根本不关心局外人的质疑”，载《新京报》2014年5月24日。

理想途径。李希贵不然，当了多年的地方教育局长，奉调进京任教育部基础教育监测中心负责人后，仍难舍学校情怀，一年之后即重返学校，任北京十一学校校长。从潍坊到北京，教育环境发生了很大的改变，李希贵能继续如鱼得水般地进行学校改革吗？人们拭目以待，李希贵重任在肩。

有人说，要想走得快，就一个人独自走；要想走得远，就和一群人一起走。李希贵属于那种既走得快且行得远的人：他始终走在独立思考的路上，也始终和志同道合者在一起。

2007 年 1 月 6 日，在北京师范大学兰惠公寓的一间小会议室里，李希贵主持的全国教育科学“十一五”规划课题“新学校行动研究”正式启动。李希贵把研究目标确定为“把现在一般意义的优质学校变成我们心目中的新学校”。优质学校与新学校这两个概念的区别在于：前者主要是就学校之外的人的社会评价而言的，而后者主要是就学校内部的人的切身感受而言的。何为“新学校”？简言之，就是学生快乐、教师幸福、社会满意的学校。

李希贵是思想者，更是行动者。他对“行动研究”的界定是：第一，是研究行动——把你的行动拿出来研究；第二，要把研究成果变成你的行动——不搞坐而论道，要站起来立即行动。他对新学校的使命的认识是：第一，寻找学科教学规律，构建自主、互动的学习型课堂。第二，开发适合学生的课程，促进学生个性成长。第三，搭建师生自主选择、自主发展的舞台，创造自由呼吸的教育。第四，培养学生喜欢、敬佩的老师，把学校办成幸福的乐园，这是最重要的事。第五，构建互动的领导和管理体系，优化教育资源配置，塑造积极简单的学校文化。2007 年 10 月 1 日，李希贵出任十一学校校长，从前任校长李金初手中，接过了带领十一学校继续改革的接力棒，开启了在新的历史起点上创造“新学校”的征程。

2014 年 2 月 27 日，教育部在北京十一学校举行新闻发布会。这是教育部第一次专门为推荐一所中学教改试点经验特别举行的发布会。在发布会上，教育部基础教育二司副司长申继亮表示，北京十一学校作为国家办学体制和高中特色发展改革试点单位，着力深化课程改革，创新人才培养模式，促进学生全面而有个性发展，取得了显著成绩，为全国提供了鲜活的案例和宝贵的经验，值得认真总结、宣传和推广。

十一学校是怎样的一所“新学校”？李希贵是怎样带领十一学校的老师们创造这样的新学校的？有多家权威媒体作了全方位的报道，有到十一学校参观学习的众多校长和老师所写的观感可作参照，更有李希贵的著作以及《十一学校行动纲要》等提供最直接的信息，本文只借李希贵在中央电视台“开讲啦”节目的演讲和与他与学生的互动，结合其相关论述，来一窥究竟。

在介绍开讲嘉宾时，主持人撒贝宁用“神一般的人物”“另类校长”“甩手掌柜”和学生口中的“贵爷”来描述李希贵。从这一连串特别的称谓里，我们大概可以窥见李希贵所领导的十一学校的风貌——这是一所属于学生的教育生态十分和谐的学校；“贵爷”这个“神一般的人物”是这所学校的灵魂人物，同时又是一个“甩手掌柜”；聚集在这里的是一群心灵自由、行动自主、发展自为的幸福的师生；这里正在发生的事情是，他们正试图建设一个教育的理想国，而且这种努力已经取得了堪称丰硕的成果。

在演讲中，李希贵以四张学校活动照片为载体，勾画出了北京十一学校正在走的路径，并揭示了这条路径的理论路基。建议本文的读者，拨冗去看一看中央电视台的这一期节目，去聆听李希贵的演讲，去看他与学生的互动。在随同视频中现场观众一起欢笑时，你对教育将会产生不一样的认识。一旦你认同了李希贵的教育思想，你的教育观和教育行为就会发生微妙的变化，就绝不会再是原来的你。

李希贵的演讲，从探究“学校是什么”这个根本问题切入，他说“过去我们的家长、我们的老师给学校定义的时候，学校是什么？学校是学生来学习的地方，但是我们没有问问孩子，我们的学校应是个什么样子。”在另一次演讲中，李希贵对这个问题作了这样的回答：“如果我们从孩子的角度来想一想，我们就会知道真正吸引他们来到学校的不是学习，而是寻找属于自己的同伴。如果我们教育的起点能够坦率地承认这样一个起点的话，我们的教育就有可能会办得更加适合我们的孩子。”怎么去做？李希贵的回答是：创造在“常态过程当中让学生找到同伴的方式”，包括“怎么叫学生在不一样的地方找到不一样的志同道合的同伴”的方式。这或许就是李希贵在十一学校推行全面而又深刻的学校改革的初衷。

第一张照片：泼水节——渴望平等，创造真实的教育。

李希贵说，从狂欢节到泼水节，我们事实上是通过这样的一个课程，来叫学生们能看得见老师真的希望和你们平等，它带来一个最重要的、值得我们欣慰的事就是，我们的学生真实了，但是学生真实了以后，他和你交流的问题就不一样了。”在讲述一个高一的男生就情感困扰向自己求助的例子之后，李希贵语重心长地说：“所以平等的师生关系会让我们看到孩子真实的内心，我们也会真正地了解他们、理解他们，去研究怎么教育他们，这是我们为什么苦苦地追求平等的一个重要原因。

真实的学生会让教育者面对真实的问题，只有面对真实的人真实的问题的教育才是真正的教育。吕型伟先生说：“教育是事业，事业的意义在于奉献；教育是科学，科学的价值在于求真；教育是艺术，艺术的生命在于创新。”如果你深入地去了解李希贵和他的十一学校，你就可以看到事业、科学与艺术是怎样水乳交融的；就可以悟到奉献、求真与创新是怎样相得益彰的。

第二张照片：《雷雨》剧照——创造条件，让学生在体验中成长。

李希贵给现场观众展示的第二张照片，是学生演出话剧《雷雨》的剧照。他说，几个星期前去看他们排练的时候，一片混乱，因为每一个同学，每一个剧务，每一个角色，都感觉到自己最重要，一个一个孩子就像大爷一样，特别大，但是经过一个学期，他们之间的冲突，他们之间的磨合，他们之间的沟通，最后使他们终于发现一个道理，你不合作，就没有办法成功。所以到最后当他们在戏剧节上演出的时候，你会发现这些学生全变了……这点使我们感受到他们在体验当中成长。这个戏剧课事实上还给我们一个非常意外的收获，就是我们感受到了男生女生在这个青春花季有了一个正常交往的平台……青春花季的学生，如果没有了异性之间的目光，他们就缺了好多人生的营养，没有他们之间正常的交往，他们的情商就不会健康。所以他们必须要有这么一个舞台，使他们去交流。

学校是什么？有一位校长说："学校是让师生产生梦想并为其实现梦想创造条件的地方。"这句话对于多数学校而言，恐怕本身就是一个梦想。对十一学校而言，却是真真切切的教育实景。"我们真正想做的，是为孩子营造一个适合成长的环境，让他们发现自我、唤醒自我，最终成为自我。""校园是孩子生长想法的地方。"为了鼓励学生产生想法并把自己的想法付诸实施，学校设立了众多奖项，每年都有一批学生因为敢想敢为受到学校和校长的嘉奖。如果这还不足以说明问题的话，那么下面的一组数据，将可以让我们见识十一学校的学生在校园里的体验是何等的丰富：4174 名学生形成了 1430 个教学班，每人一张与众不同的课表；全校 265 门学科课程，只有 17 门属于必选；另有 30 门综合实践课程、75 门职业考察课程和 272 个社团。

第三张照片：签约仪式——让学生在认识世界的过程中丰富自己。

这张照片呈现的是一个签约仪式，左边是学校一个学生银行"圆梦银行"的行长和副行长，右边是学校一个商店文具屋。在这张照片中蕴含着两个故事：2010 年的时候，十一学校有 5 家学生书店，要经营书店需要竞标，其中一家书店的准“老板”盘算了一下，启动这个书店需要 5000 块钱的启动费，于是就去向校长借钱，此后又陆陆续续有学生向校长借钱。为了解决学生借钱的问题，李希贵决定成立学生银行。他从稿费里拿出了 2 万块，让教导处组织竞标，成立两家银行，“圆梦投资银行”是其中的一家。因为竞争所引发的纠纷，圆梦银行的行长利用和校长共进午餐的机会，投诉另一家银行。李希贵的回答是，我这个时候不能帮你们，希望他们能去沟通，商量出一个解决办法。沟通的结果是成立了一个银监会来监督他们。李希贵说，“我相信这样一些调查研究思考，会帮助他们来接触社会，来认识世界，来丰富自己的人生。”

学生到学校接受教育的过程，也是其社会化的过程。“教育的全部意义就在于不断地让孩子社会化。”但我们的教育传统却是“两耳不闻窗外事，一心只读圣贤书。”现在话虽然不这样说了，但事还在这样做——应对考试占据了教学的中心地位。这样导致的后果就是教育与社会脱节，培养的学生与社会的需要不能对接。十一学校的学生在校园里，一样实现了在认识世界的过程中丰富自己，这给了我们极大的启示：学校生活本身就是一个丰富的世界；通过我们的努力，它还可以为学生提供丰富的体验。有这样丰富的学习生活体验的学生，当他走进日新月异的世界时，会比在封闭环境里成长的学生更自信，更从容，也更具创造力。

第四张照片：有马术造诣的孩子——超越因材施教，得到另一个百分之百。

在回答学生关于教育和帮助的关系问题时，李希贵说：“大的教育本身就应该有帮助，但是我们现在在实际操作的时候，把它理解窄了，我们认为教育我就要去拼命影响你，去说教，这才是教育。教育其实更多的还要帮助他。”这时李希贵展示了第四张照片——一位女生英姿飒爽的马术照。他介绍说，这个孩子是在马术方面非常有造诣的一个孩子，3 年前，我们中考录取学生的时候，这个孩子报了我们学校，但是她离我们学校的录取线差很多很多，那个时候我们正好遇到一个情况，就是刚刚我们高考的一本录取率达到了 99%，所以好多老师觉得经过再一年的努力，我们就会有 100%的学生上一本，如果今天我们决定要这个学生，那就预示着 3 年之后你的一本的录取率绝对不是 100%，因为她连二本能不能考上都是问题。我们放弃了 100%的录取率，但是我们要了另一个 100%，就是每个孩子的成功。

对作此选择的缘由，李希贵作了深入浅出的阐述：教育不仅仅是拿学生过来加工，很重要的一个方面，是我们要去发现孩子的潜能，唤醒孩子的潜能，让每一个学生最终成为他自己。现在我们 4000 多个学生，有 4000 多张不一样的课程表，每一个学生按照自己的课程表去走班上课。比如说我们有机械技术、汽车技术、服装技术、数据库动漫技术，看上去好像对高考啊、对升学没多大关系，但是对学生的人生非常重要。我不知道在座的各位，你们上大学的时候学的这个专业，你们跟自己理想的目标差多少，你被大材小用了吗？我相信这是一种感觉。为什么？就是你希望干的行业，你没有干上，你的潜能没有得到发挥，所以你就感觉到自己被大材小用了。我希望我们未来有一天，我们都没有这种被大材小用的感觉，每个人都发挥最大的潜能，为这个国家、为这个社会服务的时候，我们的教育就真的赢了！

因材施教，是我们的优良教育传统。但这个传统在我们实际的教学工作中，继承了多少，发扬得怎样？还真值得画上一个大大的问号。十一学校的实践，超越了因材施教，做到了让学生人人因材选学，人人因材成才。人贵有自知之明，人更贵有自发之力。李希贵课程改革的目标就是让学生产生自知之明，给学生装上自己的发动机，使其自由选择、自我驱动、自行管理。“高考是一个自然的结果，只是帮助学生走过这个门槛，顺便要把高考考好，更关键的是明确未来的职业目标和方向。”李希贵看似云淡风轻的这一番话，道出了十一学校改革成功的奥秘——他们在解决“更关键”的问题上获得了突破。超越对教师而言的“因材施教”，创造条件让每个学生“因材成才”，仅此一点，十一学校就堪称伟大的学校。

李希贵在十一学校的改革，取得了重要成果，产生了巨大影响，也在互联网上引发了质疑和反质疑。有学生在与李希贵共进午餐时，询问他怎么看互联网上对十一学校的质疑，李希贵回应道：“说实话，我根本不关心局外人对十一学校的质疑。我最关心的是学生怎么质疑十一学校，排在第二位的才是家长。在我们学校里，孩子们是不是舒服，是不是高兴，我得拿出大量时间来研究这个问题，否则我何必和你们共进午餐？再说，质疑也不是坏事。你干什么事，都需要人家质疑。”

教育改革需要足够的定力。李希贵在十一学校的大规模改革之所以获得成功，与他具有足够强大的定力不无关系。李希贵的定力，来自于他丰富的学校改革阅历，来自于他深厚的教育理论素养，更来自于他的改革所造就的学生。

行文至此，将李希贵本次演讲的结语来作为本文的结尾，可能是最好的选择，因为这比“局外人”的任何评论都更具说服力：“我们为什么这样去做一个学校，就是因为我们希望，在这样一个校园里，听到孩子们花开果熟的声音。有位教育家曾说过，教育就是一个迷恋他人成长的学问。所以在我们的校园里，让我们迷恋着孩子们成长，并把学校变成一个孩子们向往的新学校。”

# 写在后面

## 给我未来的你们

罗金珠

亲爱的：

或许在不久的将来，我们会遇到，在西南边陲的小城；你在这里出生，从这里逐梦，老师也想说，我也曾经和你一样，从这里开始拥有我的梦，找到属于我的舞台。

在两年后，我们会遇到，在一所小学，胭脂红的叶子花开满苗圃，嫩绿的柳条抽芽成长，阳光洒满每个角落；老师会带着你们一起欣赏这片校园的美丽，跟你们讲述曾经这里和老师的共同记忆。

在我们相遇的时候，你六岁，七岁，也可能十二岁，而我，二十三岁。我看着你，用祝福与爱护的眼神，和一旁的老师感叹着光阴似箭，感叹曾几何时我也和你一样——稚嫩的脸庞，青涩的话语，甜美的微笑，还有那颗萌发的心。

在我们相遇的地点，宽敞的教室，各色的粉笔，还有一个可能比你还高的讲台。你是不是会踮着脚尖探出头笑眯眯地问我："罗老师，我什么时候才可以像个大人?"你想象着象牙塔外的模样，想象着成年人的世界，殊不知，我们正羡慕着你们的童年。你对外面充满期待，我对你们充满关爱，就这样，一代代传承。

传承，是啊，传承。我曾经的老师们不都是这样的吗？还记得我第一个小学班主任是个体态丰满的语文老师，她上课的时候很严，可是课下却跟我们亲。她在班上树立起她的威严，却在生活中和我们无话不谈。她说，上了大学，未来的人生会很宽阔，不要把眼光只放在现阶段。有同学对此颇有怨怼，也有一波同学拼命点着头，其中就有我。

还有我们的小学数学老师董老师，她的女儿因为幼年的一次高烧烧坏了脑，智力不高，留级两年，最后到了我们班上，我们经常叫她黑珍珠。黑珍珠喜欢笑，对谁都好，见面主动打招呼，就是成绩一直提不上去。可能是出于愧疚，觉得身为母亲并未照顾好自己的女儿，董老师对黑珍珠宠爱有加。那时候的我们随性而活——起外号、欺负她、孤立她……丝毫没有因为她是老师的女儿而有所忌惮，董老师也丝毫没有因为我们的骄纵与冒犯"公报私仇"。小升初考试的前一天，我们去看考场，董老师站在考场外，为我们一一指点，并轻声对我说，"再等六年，再等六年你就上大学了，变成大姑娘，而我也又要送走一批学生了。"我傻笑着，没有回答。现在想来，这是一种怎样的情感，而那时的我们又是怎样的懵懂。

有一天，如果我们相遇了，我会告诉你，我曾经遇到过很多优秀的老师，而我也会努力变成和她们一样优秀的老师。

有一天，如果我们相遇了，我想笑着说，欢迎你走到我身边，也希望我可以走进你的世界。

有一天，如果你发现老师对你很严格，请你相信老师对你的爱有增无减。

有一天，如果你犯了和我之前一样的错误，老师会告诉你，老师是一个反面例子，做错事，伤害了其他的同学要勇于承认、道歉和改正。老师希望你带着一个美好无憾的记忆迎接接下来的人生，即使今后我们很难见面，但是我依旧希望你幸福快乐，还有，善良。

有一天，如果你毕业了，老师想再一次拥抱你，就像我们第一次见面那样，祝福和等待。等待你有空了回来看看，等待你能与老师分享和倾诉你的好消息和坏消息。

时光中，我的未来是一条大道，你在前头，我在后头。

关切中，我的未来是一枚邮票，我在这头，你在那头。

亲昵中，我的未来是一个眼神，你们在里头，我在外头。

为了这样美好的相遇，我在努力……

（本文获 2014 年由教育部门户网站发起的
“做党和人民满意的好老师”征文活动一等奖）

# 后 记

## 带着幸福感去做老师

周洪宇

做“有理想信念、有道德情操、有扎实学识、有仁爱之心”的好老师，教书有成绩，育人有效果，学生有亲近，家长有信任，领导有肯定，同事有支持，心中有理想，未来有憧憬，这就是老师最大的幸福。正如习近平总书记说的：“做老师，最好的回报是学生成人成才，桃李满天下。想想无数孩子在自己的教育下学到知识、学会做人、事业有成、生活幸福，那是何等让人舒心、让人骄傲的成就。”

好教师是一首诗，韵味长存；好教师是一幅画，清新高雅；好教师是一棵松，正直伟岸；好教师是一座碑，坚实高大。做党和人民满意的好老师，做一个幸福的好老师理应成为我们广大教师的崇高理想和人生追求。那么，怎样才能成为一名党和人民满意的好老师，怎样做一个幸福的好老师呢？

“中国好教师”丛书试图通过解读习近平总书记“四有”好老师讲话，生动地讲述章开沅、潘懋元、周小燕、钟期荣、颜宁、李吉林、霍懋征、汪金权、杨小玲等一大批影响中国教育的杰出人物最精彩、最感人的事迹，从“幸福，在教书育人中追求；幸福，在学习中追求；幸福，在生活中追求”等方面来回答。

教师是太阳底下最光辉的职业，这个“光辉”中必然应该蕴含着“幸福”的因子。这种幸福不只来自于外界的赋予、物质的回馈，而应得益于内心的充盈，来自于心灯的呵护、薪火的维系和传承；来自于精神的给予获取、吞吐吸纳。

老师面对的是鲜活的、成长中的学生，这些学生将来不仅要对自己负责，更要担负起民族、国家的重任。教育一直是以小喻大，以近知远的源头工作。老师要有幸福的追求，做党和人民满意的好老师，做一个幸福的好老师，有幸福感地做好老师，深味做好老师的幸福，有“春风风人，春雨雨人”的亲切，有“随风潜入夜，润物细无声”的自然，好老师的敬业、勤奋、刻苦、奉献是追寻人生价值的内在过程。

教育是一种使命，始于神圣，结于厚重。老师是文化的信徒，起于传承，归于发展。做党和人民满意的好老师，就要学会开心工作，开心生活，就要懂得在忙中享受，在累中快乐。

教育是一种劳动，始于辛劳，结于平淡。老师是教育的行者，起于梦想，归于追求。做一个幸福的好老师，就要学会尊重自己，宽容他人，就要懂得在做中充实，在行中提升。

我们编著“中国好教师”这套丛书，其目的就是帮助广大教师，使其在学习、工作和生活中，将做党和人民满意的好老师作为人生的崇高追求，都能成为幸福的人，成为幸福的好老师。

带着幸福感去做老师，正如揣着理想上路，不仅能在教育教学过程中使自身魅力十足、光芒四射，而且必然会使教育教学变得精彩，进而创造出整个人生的幸福和全体社会的幸福。

湖北科学技术出版社对新事物、新问题十分敏锐，他们发现一段时间以来，各种各样针对教育、教师批评的声音纷至沓来，尤其是，每当有个别教师行为失范时，各大媒体的批评声就会不绝于耳，使教师群体的声誉降到冰点，使人们不得不对师德、师风、师道进行反思，对重铸教师之魂进行思考——究竟什么样的老师才是中国好教师?

2014 年 9 月 9 日，习近平总书记到北京师范大学看望教师学生，发表了激情洋溢的讲话，讲话很好地回答了以上问题。然而，出版市场上尚无一本对此的研究之作。为了贯彻落实习总书记的讲话精神，为了第一时间满足广大一线教师迫切希望获得有关好教师理论与实践学习书籍的愿望，社领导盛情邀请我为该社主编一套丛书，在全社会，尤其是在广大教师中大力宣传和弘扬优秀教师的先进事迹和高尚品德，将公众对教育的关注焦点引向对卓越教学的追求，重建现代教师的价值体系和精神坐标，重铸师魂。现在“中国好教师”丛书与读者见面了，也算是梦想成真吧。

本书在编写出版过程中，得到了很多领导和教师的关心和支持，王建民、袁先潋、付小林、申国昌、但昭彬、刘来兵、李木洲、刘克耘、鲍成中、程墨等同志为此也付出了不少努力，在此一并表示衷心的感谢。特别是中国教育学会老会长顾明远先生在看了书稿初样后，欣然作序。顾老对教育、对教师的钟情永远是我们学习的榜样。

需要说明的是，在本书的编写过程中，我们参阅了不少资料，有的实在联系不上作者，也难以一一注明，请予谅解，同时也希望作者主动联系我们，我们将会按有关规定支付稿酬。

由于能力和水平有限，加之时间仓促，书中难免存在这样或那样的不足，甚至错误之处，尚祈读者见谅。

**图书在版编目（CIP）数据**

做党和人民满意的好老师 / 周洪宇主编.
—武汉：湖北科学技术出版社，2015.4（2019.12 重印）
（中国好教师）
ISBN 978-7-5352-7513-4

Ⅰ. ①做…
Ⅱ. ①周…
Ⅲ. ①优秀教师－先进事迹－中国－现代
Ⅳ. ①G451 ②K825.46

中国版本图书馆 CIP 数据核字（2015）第 035601 号

| | |
|---|---|
| 策　　划 | 何　龙　何少华 |
| 责任编辑 | 韩小婷　刘　亮 |
| 书籍装帧 | 戴　旻 |
| 出版发行 | 湖北科学技术出版社 |
| 地　　址 | 武汉市雄楚大街 268 号（湖北出版文化城 B 座 13～14 层） |
| 邮　　编 | 430070 |
| 电　　话 | 027-87679468 |
| 网　　址 | http://www.hbstp.com.cn |
| 印　　刷 | 湖北新华印务有限公司（邮编：430035） |
| 开　　本 | 787×1092　1/16　17 印张 |
| 版　　次 | 2015 年 4 月第 1 版　2019 年 12 月第 3 次印刷 |
| 字　　数 | 240 千字 |
| 定　　价 | 38.00 元 |